AUTOMATA MOVABLE ILLUSTRATION

デザイン
西田　明夫
Aquio Nishida

動くおもちゃ・オートマタ

オートマタ＝からくり人形は、「生命あるモノの動きを真似る生命の無いモノ」と定義されています。
古来、多くのオートマタ職人・からくり人形師たちは、その生命の無いモノに生命を与えようとしてきました。
子供に与えるおもちゃでさえ、その動く仕組みがブラック・ボックス化された現代において、
日本の「茶運び人形」に代表されるからくり人形や、ヨーロッパにおけるさまざまなオートマタとは違い
人形が動く仕組みまでもデザインされた、新しい形のオートマタ＝からくり人形の製作はとても意味のあることだと思います。

おもちゃの兵隊 No.2
Toy Soldier No.2

mechanical toys - automata

Automata=Movable figure is defined as 'a non-living thing which imitates the movements of a living thing'.
For many years, a lot of automata craftsmen and masters of movable figures have given lives to these non-living figures.
In the advanced modern world where even the machinery in children's toys is incomprehensible,
I think the production of automata in which each and every part of mechanism is carefully design is very meaningful work.

摩訶不思議図鑑
designed by AQUIO NISHIDA

MOVABLE ILLUSTRATION
AUTOMATA

CONTENTS ●目次

オートマタの素晴らしき世界
The Wonderful World of Automata

おもちゃの兵隊 No.1　Toy Soldier No.1	4
おもちゃの兵隊 No.3　Toy Soldier No.3	5
草競馬 No.1　Local Horse Race No.1	6
おしつおされつ　Oshitsu Osaretsu	7
腹ぺこヴァンパイア　The Hungry Vampire	8
虫歯　A Bad Tooth	12
TAMMY	13
WINKY JENNY	14
キス・KISS・鱚　Kisu-Kiss-Kisu	15
でんでん虫　Snails	16
早起き鳥 No.1　Early Rising Bird No.1 The early bird catches the worm?	17
朝の水くみ　Water Pumping in the Morning	18
パリのお針子　The Parisian Seamstress	19
FAMILY	20
森のパン屋　The Bakery in the Forest	21
蝶々 No.1　Butterfly No.1	22
ハウンド・ドッグ No.1　Hound Dog No.1	23
WALKY DUCK No.1	24
パタパタ・キューピッド　Pitter-patter Cupid	25
牛の引き車　Cow Pull Toy	26
WALKY PENGUIN No.3	27
ドラゴン・ライダー　Dragon Rider	28
ウエイト・リフティング　Weight Lifting	32
セイラーマン　Sailorman	33
プルチネッラ　Pulcinella	34
STRONG NOSE	35
HELP	36
Ferdinand the Bull	37
みかけはこわいがとんだ純情な人だ He Looks Fearful, in fact, He is Pure in Heart	37
ピガサス　PIGASUS	38
摩訶不思議動物園（スケッチ）	39
工房風景1　オートマタができるまで	40

オートマタづくりを楽しむために
For the Enjoyment of Automata Production

色彩と配色の訓練　Training on Colors and Color Coordination	42
木のおもちゃのデザインについて　The Design of Wooden Toys	44
オートマタの考え方　What I Think The Automata is.	46
オートマタづくりのルール　The Rules of Making Automata	48
オートマタづくりのための道具と材料　The Tools and Materials for Making Automata	50
パーツの作り方と考え方　The Making and Design of Parts	52
ダイレクトメールの数々	56

オートマタのデザインと製作
The Design and Production of Automata

- 発想とキャラクターづくり　Conception and the Making of Characters ……… 58
- デザインの実際　The Actual Design ……… 60
- 製作の基本　The Fundamentals of Production ……… 62

機素について
About Fundamental Mechanisms

- スタンパー　Stamper ……… 66
- ピン面歯車　Pin Face Wheel ……… 67
- スライダー・クランク　Slider Crank Chain ……… 68
- クロス・スライダー偏心輪　Cross Slider Eccentric ……… 69
- ゼネバ・ストップ1　Geneva Stop1 ……… 70
- ゼネバ・ストップ2　Geneva Stop2 ……… 71
- ロバーバルはかり　Roberval Balance ……… 72
- 自動はねあげツメ車　Ratchet Wheel with Pawl Lift ……… 73

　　工房風景2　ある日の仕事場と西田さん ……… 74

オートマタ製作実例集
Actual Examples of Automata Production

- パンチ＆ジュディ　Punch and Judy ……… 76
- ビールは楽しい　Beer is Fun ……… 79
- 早起き鳥 No.2　Early Rising Bird No.2 ……… 80
- 魔女の綱渡り　The Ropewalking Witch ……… 84
- ハウンド・ドッグ No.1　Hound Dog No.1 ……… 88
- 森のパン屋　The Bakery in the Forest ……… 91
- パタパタ・キューピッド　Pitter-patter Cupid ……… 94
- WALKY DUCK No.1 ……… 97
- WALKY PENGUIN No.3 ……… 100
- セイラーマン　Sailorman ……… 103
- 牛の引き車　Cow Pull Toy ……… 106
- 朝の水くみ　Water Pumping in the Morning ……… 109
- 朝のあいさつ　Morning Greetings ……… 112
- STRONG NOSE ……… 116
- ラングラウフ　Langlauf ……… 119

　　AUTOMATA GALLERY ……… 64、123、131

- オルゴールの組み込み方　How to place a music box ……… 124
- オートマタの小さな歴史　A Little History of Automata ……… 126

- 西田明夫略歴　AQUIO NISHIDA's Brief History ……… 128
- 「田舎の日曜日」から　西田智子 ……… 130
- 大好きな西田さん　佐渡 裕 ……… 132
- 有馬玩具博物館　Arima Toys & Automata Museum ……… 134
- 現代玩具博物館・オルゴール夢館　Japan Museum of Contemporary Toy & Hall of Music Box ……… 135
- あとがき ……… 136

●本書の楽しみ方：本書ではオートマタ（からくりおもちゃ）の魅力を十分に楽しんでいただくために、ビジュアルを中心に構成してあります。同時に「作品を真似て作ってみたい」という読者のために、平面図、パーツ図、展開図も併載していますので参考にしてください。なおパーツ図は原則として原寸で記載していますので、図面をコピーし、指定の厚さの板に貼っていただければ作業が容易でしょう。オートマタづくりのコツは、「あせらず、あわてず」。好きな時間に、自分なりのスタイルで取り組んでください。またパーツは、室内の温度や湿度によって動き方が変化しますので、実際に動かしながら微調整しましょう。サイズの単位はmm、Φ＝直径。

●注意：本書でご紹介している作品には著作権があります。個人で楽しむ以外に、営利目的で製作することは法律によって罰せられます。
　　　　電動工具や手道具を使用する際には、安全に配慮して行ってください。

おもちゃの兵隊 No.1 — Toy Soldier No.1

作品解説＝西田明夫（以下同）

皆が寝静まった夜ともなると、命を吹き込まれたかのようにたくさんのおもちゃたちが箱の中からはい出してくる‥‥‥。誰もが一度はそんな想像をしたことがあるはず、誰もがファンタジーの世界で遊んだことがあるはず。私が大好きだったのはブリキでできた「おもちゃの兵隊さん」でした。あのおもちゃはどこにやってしまったのでしょうか‥‥。ハンドルを回すと、「おもちゃの兵隊」のオルゴールのリズムに合わせて、馬の4本の脚、首と頭、そして尻尾が動きだし、兵隊の体が馬の背中で上下します。子供の時代に私と遊んでくれたおもちゃたちへのレクイエムでもあります。おもちゃの兵隊は大好きなモチーフで、このシリーズはNo.2、No.3、No.4、No.5‥‥と続いていっています。

In the silent and peaceful night when everyone is asleep, all kinds of toys will come out from the toy boxes as if life has blown into them...
Everyone should have had this kind of imagination before. Everyone should have been to such a world of fantasies before. The toy I liked the most was tin toy soldiers. But where have I put them now?...
When you turn the handle, the horse's legs, neck, head and tail will start moving, following the rhythm of the 'Toy Soldiers' music box in the figure. At the same time, the soldier will move up and down on the back of the horse. Toy Soldier No.1 is almost like a requiem for the toys that had accompanied me in my childhood. I like the motive of toy soldiers very much and the series of Toy Soldiers will be continued with No.2, No.3, No.4, No.5...

おもちゃの兵隊 No.3　　Toy Soldier No.3

馬のオートマタを作るのが大好きです。このオートマタのサイズは通常の2倍の大きさがあります。横幅が2倍、高さが2倍、奥行も2倍。2×2×2＝8で、体積としては実に8倍の大きさになっています。見るととても複雑な構造をしていますが、おもちゃの兵隊No.1が二つ連なっていると考えればいいのです。つまり、おもちゃの兵隊No.1を一つの「ユニット・構成単位」と考え、ユニットを二つ連結すると考えればいいのです。ユニットの連結の方法さえ考えつけば、おもちゃの兵隊を三つ、四つ、五つ……と連結することも容易です。

I like making horse automata very much. The size of this automata is about two times of the usual size. The width is two times wider, the height is two times taller and the depth is also two times deeper. With the calculation of 2 x 2 x 2 = 8, the total size is actually 8 times bigger. The construction looks complicated, but actually it is joined together with Toy Soldier No.1. In other words, Toy Soldier No.1 is one 'Unit' and Toy Soldier No.3 is another unit. The two units are joined together as one. With this joining method, it is easy to connect three, four, five...toy soldiers together.

草競馬 No.1
Local Horse Race No.1

「発想とキャラクターづくり」の項で述べている草競馬のオートマタです。私は競馬にまったく興味がありませんし、馬券を購入したという経験もありませんが、寝転がってテレビで競馬中継を何気なく見ていたとき、馬が疾走する迫力とその躍動感に感激を覚えたことがありました。「競馬のオートマタを作りたい」。そう思いたったとき、賭け事の対象としての競馬のシーンではなく、イギリスの田舎で繰り広げられる草競馬のシーンをイメージしたオートマタを作ろうと考えました。動く仕組みはおもちゃの兵隊No.1とほぼ同じですが、兵隊を動かすカムの部分が無いぶん、ほんの少し簡単な構造になっています。もちろん、草競馬でも賭け事の対象にはなるのでしょうが、どことなく馬もノンビリと走っているようなオートマタに仕上がりました。

This is the automaton that I will be mentioning in the chapter of 'Conception and The Making of Characters'. I am not interested in horse race at all, and I have never gambled in a horse race before. However, there was once when I watched a live broadcast of a horse race on TV by chance, I was impressed by the power of the horses when they were dashing in full speed. Then, the thought of, 'I want to make an automaton of a horse race!' came to my mind. But instead of making one that relates to gambling, I wanted to make an automaton which depicts the scene of a local horse racing in the wide open field of the English countryside. The moving mechanism is almost the same as Toy Soldier No.1, but unlike Toy Soldier No.1, it does not have the cam that moves the toy soldier. Therefore, the construction is a little bit simpler. Of course, people might relate Local Horse Race No.1 to gambling, but anyhow, it has been completed as a horse that runs leisurely.

おしつおされつ

Oshitsu Osaretsu

ドリトル先生の物語の中に「おしつおされつ」という名の架空の動物が登場します。胴体の両側に頭がついているため、前にも後ろにも進むことができないという不思議な動物です。一匹はあっちに行こうとしているのに、もう一匹はこっちに行こうとしている。右側の頭は水を飲もうとしているのに、左側の頭は草を食べようとしている....。お互いが譲り合わないためどちらにも行けない。人生のいろいろなシーンでも、同じようなコトが起こりますね。

In the story of Dr Dolittle, there is an imaginary animal called *Oshitsu Osaretsu*. It is a mysterious animal that has two heads on each side of its body. As a result, it cannot go forward or backward. When one of them intends to go this way, the other one wants to go that way. When the one on the right is about to drink water, the one on the left pulls the other way and wants to eat the grass. Because they both are not willing to give in to each other, neither of them can go its way. Likewise, there are many situations in life that are like what is depicted here.

腹ぺこヴァンパイア　The Hungry Vampire

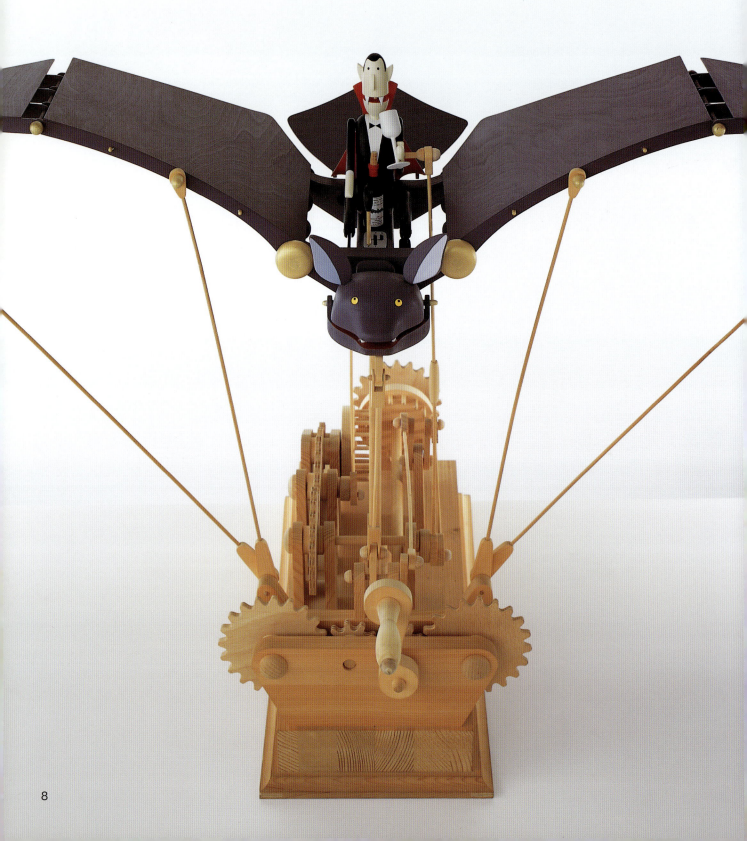

機械仕掛けのコウモリにまたがったヴァンパイアは、今日も都会の夜空を徘徊しています。ヴァンパイアの好物は何といっても処女の生き血。でも、昨今はなかなか処女が見つからない。で、ヴァンパイアは赤ワインをチビチビ飲みながら空腹を誤魔化して、今夜もいけにえになる処女を捜し回っているのです。ハンドルを回すと、ヴァンパイアがペダルをこぎだし、コウモリは大きく口を開けながら羽も大きく上下させ、コウモリの背中でヴァンパイアが赤ワインをおいしそうに口に運びます。

Tonight, the vampire is again riding on his robot bat, prowling about in the city's night sky. The vampire's favorite food, of course, is virgin's fresh blood. Unfortunately, it is very hard to find virgins nowadays. Therefore, the vampire has to drink his bottle of red wine little by little to fill his hungry stomach while looking for a virgin to be his victim tonight. When you turn the handle, the vampire will begin to row the pedal and the bat will open its mouth and flap its wings. At the same time, the vampire will bring his bottle of delicious red wine to his mouth.

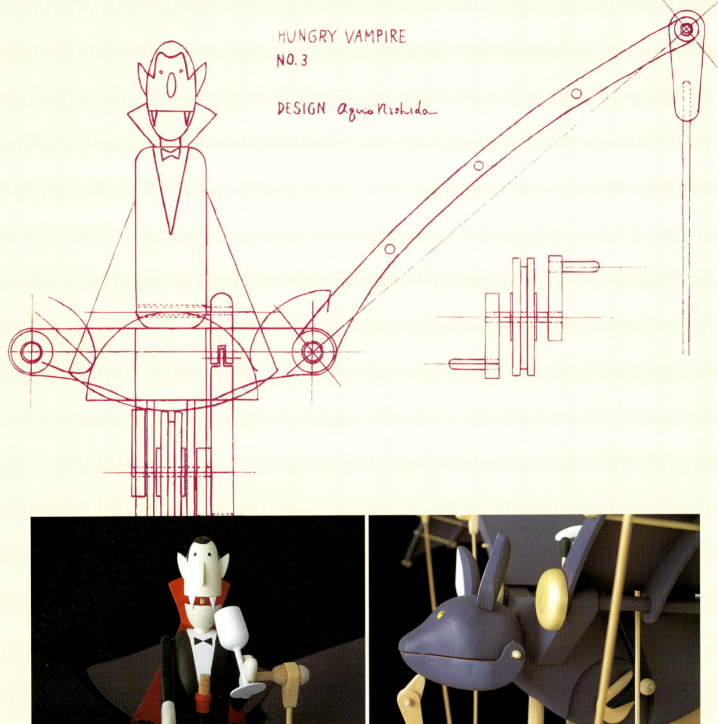

HUNGRY VAMPIRE NO. 3

DESIGN Agnio Nishida

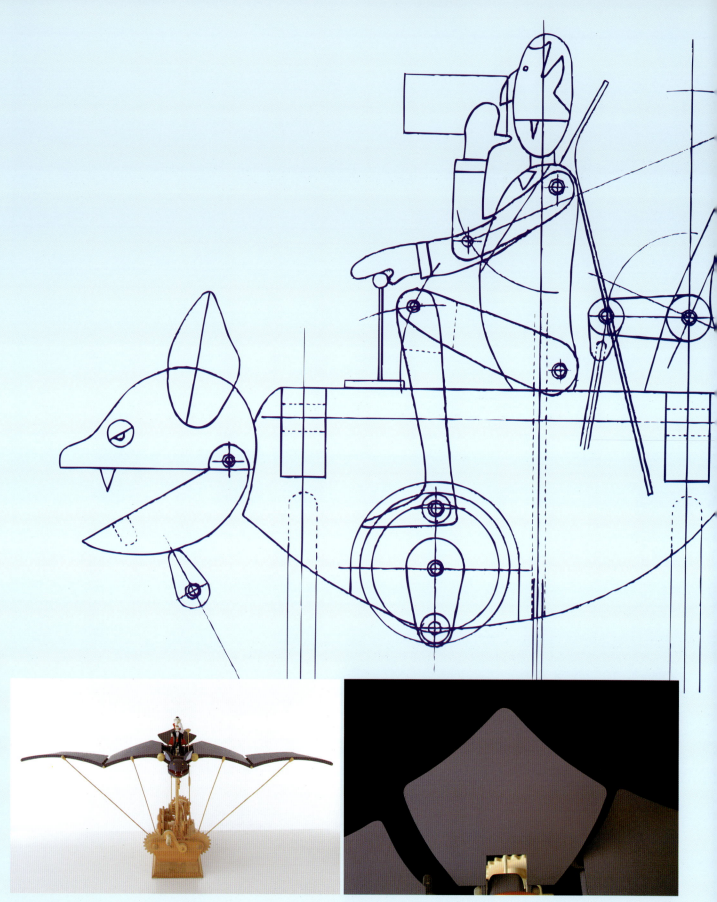

HUNGRY VAMPIRE NO.1

DESIGN Aquio Nishida

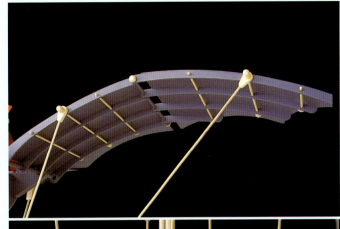
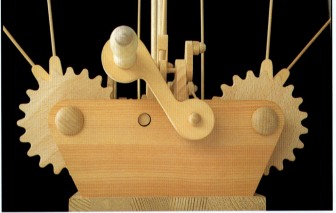

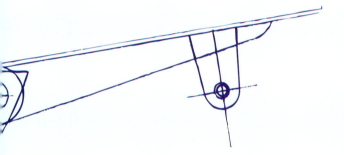

虫 歯　　A Bad Tooth

ドラキュラが商売道具のキバを抜かれようとしています。さすがのドラキュラも虫歯にかかってしまっては商売もあがったり……。虫歯は痛いけど、虫歯を抜かれるのはもっと痛い。さすがのドラキュラも進退きわまったようです。ハンドルを回すと、大きなペンチを持った歯医者がドラキュラの歯を抜こうとしますが、ドラキュラは椅子ごとのけぞって逃げようとします。

The dentist is about to pull out Dracula's most important tool for his business---his fang! It is indeed a problem for Dracula to have a bad tooth because he cannot suck virgins' blood anymore! The bad tooth causes a lot of pain, but pulling it out hurts even more. Here, it really looks like Dracula has been driven to the last ditch. When you turn the handle, the dentist with the big pliers is about to pull out Dracula's fang, but Dracula throws his head back and wants to run away.

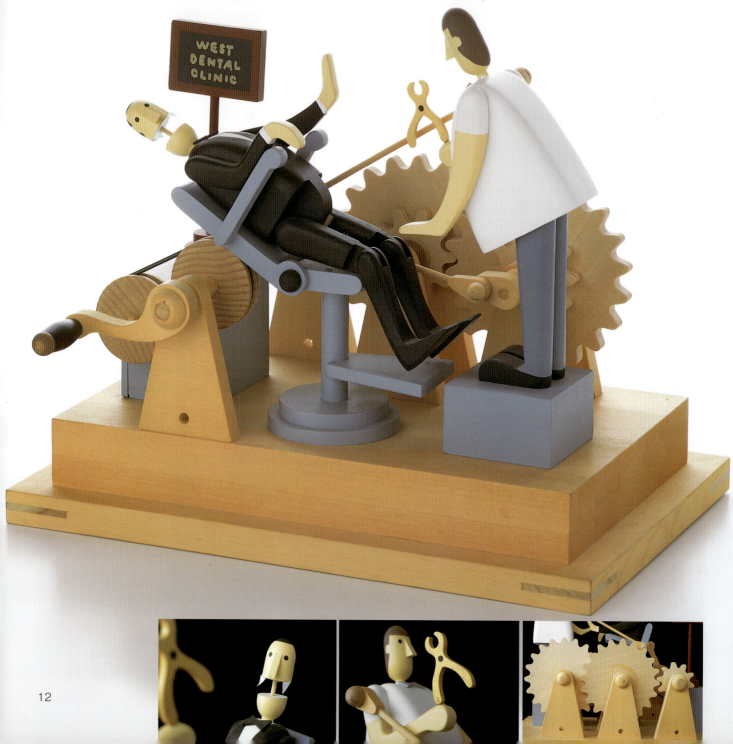

TAMMY

ハンドルを回すと、PLAY BOY CLUBに勤めるブタさんが、腰を悩ましく振りながら客席にワインを運びます。この娘の名前は「タミー」。スリムでグラマーなバニー・ガールたちに混じって、人気者の彼女は今日もお客さまに愛嬌を振りまきます。私を産んでくれた女性の名前は「TAMIKO」。彼女に似ているところから、このオートマタを「タミー」と名付けました。四葉のクローバーの上に小さなブタの人形が載っている土産が売られているように、ヨーロッパではブタは幸運のシンボル。ふくよかでたおやかな女性のシンボルとして「タミー」と名付けたのです。体型が似ているからという意味では決してありません。念のため申し添えておきます。

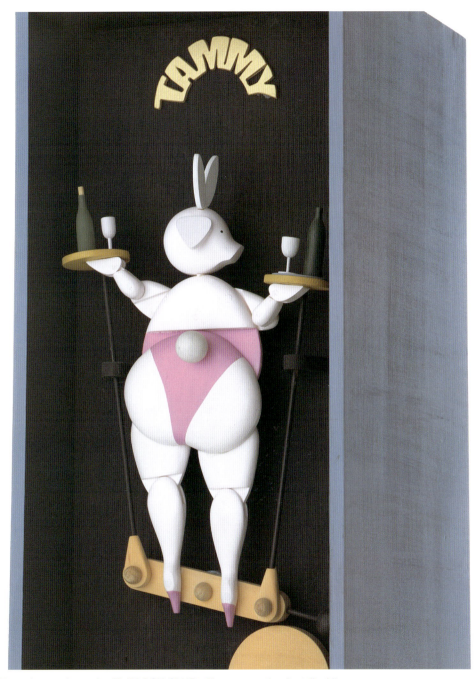

When you turn the handle, this Miss Piggy that works at the PLAY BOY CLUB will start wagging its tail while bringing bottles of wine to the customers. The name of this young lady is 'Tammy'. She has successfully mixed in herself with the other slender and glamorous bunny girls in the bar and has gained a lot of popularity from the customers with her charm. The name of the woman who has given birth to me is 'TAMIKO'. Since the character of this automaton looks like her, I named it 'Tammy'. In Europe, pig is a symbol of luck and souvenirs of a small pig standing on a four-leaf clover are sold in many places. When I said this Miss Piggy looks like my mother, I do not mean they look alike in terms of the body shape. But rather as a symbol of gentle plump women, I named it 'Tammy'.

WINKY JENNY

紐を引っ張って15秒ほど顔を見つめていると、ジェニーがパチリとウインクをしてよこします。ウインクをするオートマタを作ろうと思い付いたとき、そのキャラクターの髪の色は輝くような金髪でなければなりませんでした。我々の世代の人間にとって、金髪といえば、それはもうフォスターの名曲「金髪のジェニー」でしかありません。で、「ウィンキー・ジェニー」なのです。正面から見るジェニーの顔もなかなかですが、特に、向って左45度の方向から見る顔はゾクゾクするほど色っぽいものがあります。ジェニーが流し目でウィンクを送ってよこすのです。ただし、このジェニーには「金髪のジェニー」の中で歌われていた、アメリカ西部の草原を吹き渡るような爽やかさはどこにも感じられません。ジェニーの人生にもいろいろな苦労があったことでしょう。40歳ころの金髪のジェニーだと捉えてくだされば幸いです。

When you pull the string and keep staring at Jenny's face for about 15 seconds, you will see her winks at you. As I thought of making a winking automaton, I soon decided that the character must have shiny blonde hair. For people of my generation, when we think of blonde hair, we will be immediately recall Foster's famous song 'Jenny With the Light Brown Hair'. Therefore, I named this automaton 'Winky Jenny'. If you look at the front of her face, it does not look very pretty, but if you look at it again from a 45 degrees angle, you will find that she is actually very sexy. Jenny winks at you with her half-closed eye. However, this Jenny does not give its viewers the carefree and lively feeling found in 'Jenny With the Light Brown Hair'. Jenny also has experienced many hardships in her life too. Please think of her as a blonde hair Jenny who is about forty years old.

キス・KISS・鱚　　Kisu-Kiss-Kisu

仕組みはでんでん虫（16ページに掲載）と同じですが、こちらはマリリン・モンローの「I wanna be loved by you」のリズムに合わせて、きす（魚）が口紅をベタリと塗った大きな口を開けたり閉じたりしながらゆったりと前進します。紫のアイシャドゥを塗った眼を半開きにし、唇の横には真っ黒な艶ぼくろ……。なかなか色っぽいきすですが、作った当初は面白がって遊んでいたものの、夢の中にまで出てきたときは、さすがに気味が悪かったです。

The mechanism is the same as the mechanism in Snails (which is on P.16). When this automaton moves along with the melody of Marilyn Monroe's 'I wanna be loved by you', Kisu's (a kind of Japanese fish) thick red lips will open and close at the same time. With its half-closed eyes painted with purple eye shadow and the dark alluring mole beside its lips... it is a sexy fish. At first, I found it very interesting and enjoyed playing it. But when I saw it in my dream, I realized it is indeed a creepy creature.

でんでん虫　　Snails

でんでん虫の胴体の中にオルゴールが内蔵されています。胴体の両側にある円盤がオルゴールのゼンマイを巻き上げるキーになっていて、ゼンマイを巻き上げると、ブラームスやシューベルトの子守唄のリズムに合わせて、でんでん虫がゆっくりと前進します。ゼンマイの巻き上げ軸に円盤が直結されているため、外からはその仕組みが見えないデザインになっていますが、お気に入りの作品の一つでもあります。色は赤と青と黄の組み合わせ。色の三原色を使った、ビビッドなイタリアンカラーのでんでん虫です。

A music box is hidden inside the snail's bodies. On the sides of the snail's body, there are two disks that are connected to the cylinder of the music box. When the cylinder of the music box starts rolling, the snail will begin crawling slowing, following the rhythm of Brahms' or Schubert's lullaby. You cannot see the mechanism because the shaft of the music box's cylinder is connected to the two disks. This is one of my favorite works. I used the three base colors...red, blue and yellow for the coloring. They are snails painted with vivid Italian colors.

早起き鳥 No.1 The early bird catches the worm?

Early Rising Bird No.1 The early bird catches the worm?

ここかと思えばまたあちら‥‥。右側の虫を追いかけようとすると左側の虫が顔を出す。左側の虫を食べようとすると、スルスルと顔を引っ込めてしまい、今度は右側が顔を出す。虫はクルクルと回転しながら顔を出す仕組みになっていますが、面白がって見ているうちにどことなく哀しい気分になってきます。「早起きは三文の得」ということわざもありますが、たった三文の得にしかならないのなら、もう少し寝かせておいてほしいものです。

When the bird thinks the worm is here, it has gone over there... When the bird is about to catch the worm on the right, the worm on the left pops up. When the bird is about to eat the worm on the left, the worm quickly pulls in its head, and the worm on the right pops up. The mechanism is designed in the way that when the worms emerge from the holes, their heads will turn. It is funny when you look at it, but at the same time, you will somehow feel sorry for the bird too. There is a Japanese proverb that says, 'The early bird catches the worm'. But if the bird wakes up early just to get a little worm, it might be better to leave it undisturbed and let it sleep a little bit longer.

mice play a cat-and-mouse game
早起き鳥 No.1 のヴァリエーションです。「フー!」と威嚇しながらネコがネズミを狙っていますが、ネズミは右へ左へと逃げ回ります。果たしてネコはネズミを捕まえられるのか!?　（有馬玩具博物館）

朝の水くみ　　Water Pumping in the Morning

ポンプを動かして地下水を汲み上げる。昔はどこででも見られた光景です。子供たちの朝一番の仕事は、バケツに井戸水を汲んで家に持って帰ることでした。懐かしい情景です。ここでは朝食の用意のために井戸端を訪れた女性の姿をオートマタにしました。青と藍と紫……。爽やかな感じを出すためと、水にちなんで色をブルー系統で統一しています。

Getting underground water from a pump — this is a scene that can be seen everywhere in the past. Many years ago, the first thing children would do in the morning was to draw well water and brought it home. This is such a nostalgic scene! This automaton depicts the scene of a woman who came to the well to get water to make breakfast. Green, blue and purple... In order to bring out the fresh feeling, I chose blue — the color of water, as the theme color of this automaton.

パリのお針子 — The Parisian Seamstress

妻が縁側で子供の服を縫っていたとき、「そうだ お針子さんをモチーフにしたオートマタを作ろう」と思いつきましたが、妻がミシンがけをしているシーンをそのままオートマタにしても、何の面白みもありません。そこで、「1920年代のパリの裏町のお針子さん」をイメージすることにしました。当時のヨーロッパの女性のファッションはどんなスタイルだったのか、当時のミシンはどのような形をしていたのか‥‥‥。時代考証というほど大袈裟なものではありませんが、ある情景をオートマタにしようとするときには、やはりある程度の考証は必要かと思います。1920年代のパリの裏町の雰囲気は出ているでしょうか‥‥‥。

The idea of making an automaton with the motive of a seamstress came to my mind when I saw my wife sewing clothes for our children. But if I just make one with the scene of my wife using a sewing machine, it is not interesting at all, so I decided to make it with the image of a Parisian seamstress of a back street in the 1920's. I had to consider many things like, what was women's fashion in Europe like at that time? How did the sewing machine look like?... It might be a bit exaggerating to call it a historical investigation, but if you decide to make an automaton of a certain historic era, I think it is important to do some research beforehand. Do you think The Parisian Seamstress has the atmosphere of a Parisian back street in the 1920's?

FAMILY

明治23年、イギリス人の貿易商であったアーサー・グルーム氏が神戸の六甲山を開発しました。日本で初めてのゴルフ場も六甲山に造られました。「グルームさんのオートマタを作ってほしい」。そんな注文を受けて製作したオートマタです。ハンドルを回すと、ロッキングチェアーに座ったグルーム氏がゆったりと椅子を前後に揺らし、シーソーにまたがった男の子と女の子が交互に上下に動く。風船を持ったお母さんが2人の子供を暖かく見守っている……。明治の良き時代の六甲山をイメージしました。

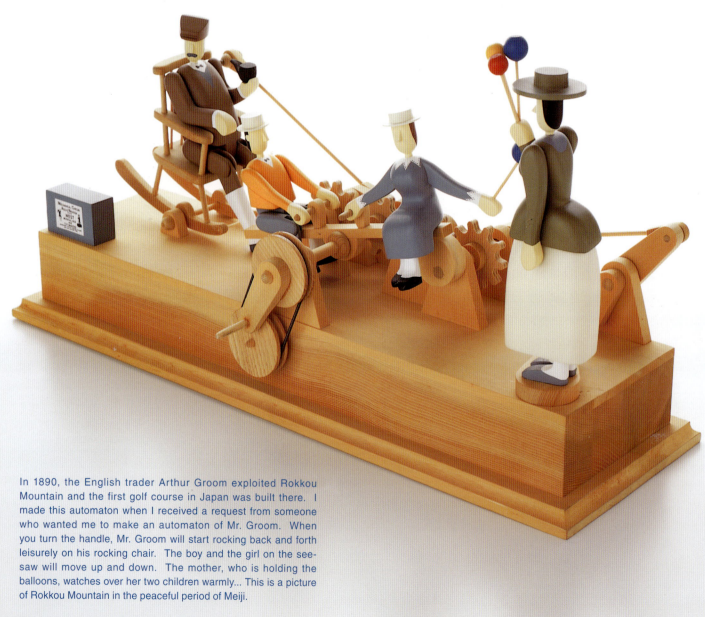

In 1890, the English trader Arthur Groom exploited Rokkou Mountain and the first golf course in Japan was built there. I made this automaton when I received a request from someone who wanted me to make an automaton of Mr. Groom. When you turn the handle, Mr. Groom will start rocking back and forth leisurely on his rocking chair. The boy and the girl on the see-saw will move up and down. The mother, who is holding the balloons, watches over her two children warmly... This is a picture of Rokkou Mountain in the peaceful period of Meiji.

森のパン屋 | The Bakery in the Forest

有馬のそば屋

2005年製作。有馬温泉にある「そば処 むら玄」の開店祝いとして製作を依頼された作品です。森のパン屋さんのヴァリエーション。依頼主からは「体裁のええ進物箱に入れておいてな」と言われたところからひとひねり!! 開店の日に作品を「配達」するために、蕎麦屋の出前に使われる「岡持」を作って小粋な演出を思いついたんだそうです。遊び心が光る作品。

(有馬玩具博物館)

私の家の庭には1組のキツネの親子が棲んでいます。雪が降り止んだあと、月に青白く照らされた庭をキツネの親子が歩いているシーンをよく目撃することがあります。一幅のシュールな絵画を観賞しているような、そんな錯覚に陥るような情景です。森のきこり、森のパン屋.....森の住人シリーズの一つです。

A mother fox and a child fox live in my house garden. I have seen them strolling together in the snow covered garden before. The scene was so sweet that I felt like I was looking at a surreal painting, as if I had gone to an unreal world. The Woodcutters of the Forest, The Bakery in the Forest... this automaton belongs to the series of The Inhabitants of the Forest.

蝶々 No.1　　**Butterfly No.1**

初めて作ったオートマタです。手挽きの糸ノコ、手もみのキリ、カッターナイフ、ハンドドリル、ノミ、サンドペーパー。たったそれだけの工具で仕上げた作品です。材料は、木工所に落ちていたカバとヒノキの端材、模型店で買った3㎜厚のホオの板と直径4㎜のラミンの丸棒、文房具の店で買った竹ヒゴで出来ています。カバのボックスにはオルゴールが内蔵されていて、歯車を回すと蝶々の羽が上下する仕組みです。実に簡単な仕組みのオートマタですが、貧弱な工具しか持っていなかったため、出来上がるまでに3週間ほどかかったという記憶があります。今までにいくつのオートマタを製作したでしょうか。そのすべては私の手許を離れて行ってしまいましたが、この製作第1号の作品だけは、今でも大事に保管しています。材料がなくても、工具がどんなに貧弱なものであっても、要は根気さえあれば何とかなるものです。

This is the first automaton that I made. I completed it with only a jigsaw, gimlet, cutter, hand drill, chisel and sandpaper. For materials, I used Birch and Japanese Cypress chips that I got from the woodwork studio; a 3mm thick wooden board and a rod with a diameter of 4mm, which I bought from the model shop; and a bamboo stick that I bought at the stationary store. A music box is hidden inside the box made of Birch. When the gears rotate, the butterfly's wings will move up and down. Actually the mechanism is simple, but because of the limitation of tools, it took me as long as three weeks to complete it. I cannot remember how many automata I have made already and they are no longer with me anymore. However, I am still keeping this first piece of work with much care. No matter how limited your materials and tools are, the most important is to persevere and you will able to complete whatever you want to make.

ハウンド・ドッグ No.1　　Hound Dog No.1

動物が疾走するシーンに魅了されます。ダイナミックな美しさを感じます。脚の長いヒョウや猟犬が走るシーンにはある種のエレガンスを感じることがあります。このオートマタには、その優雅さを表現したいと思いました。たった一つのクランクの動きだけで、猟犬が獲物をめがけて走っていきます。このハウンド・ドッグの構造を理解してしまえば、キャラクターを黒ヒョウやトラ、インパラやガゼルといった他の動物に置き換えることも可能です。

The scene of animals running in full speed always fascinates me. I can feel the dynamic beauty. When I see the animals like leopards and hound dogs, running with their long fine legs, I will feel some kind of elegance in the scene. I wanted to express that kind of elegance with Hound Dog No.1. With only the movement of one crank, the hunting dog will start chasing after its prey. Once you understand the construction of Hound Dog No.1, you can replace the character with other animals like black leopard, tiger, impala or gazelle.

WALKY DUCK No.1

円盤カムを使ったオートマタです。ヨチヨチ歩く動物のオートマタが作れないかと考えていたときに、ヨチヨチ歩く動物といって思いつくのは、ペンギン、鴨、ガチョウ、ひよこ……といったところでした。2枚のカムを交互に回転させることによって、天板も交互にスライドします。鴨のくちばしには、糸ノコでスリットを入れてありますから、小さなメッセージカードをくわえさせることができます。ハンドルを回すと、カードをくわえた鴨がお尻を振りながらヨチヨチ歩きます。

This is an automaton made with a disk cam. One day, I thought of making an automaton of an animal that toddles when it walks. Probably, you will immediately think of animals like penguins, ducks, geese and chickens. With two cams taking turns to rotate, the two upper boards will slide one after the other. There is a small slit in the beak so that a small message card can be inserted. When you turn the handle, the little duck holding a message card will start toddling while wagging its bottom.

パタパタ・キューピッド　Pitter-patter Cupid

キューピッドは男か女か。長野県の松本市には国の重要文化財に指定されている「旧・開智小学校」があります。この校舎の正面には学校の看板を抱えた2体のキューピッドの彫刻があります。キューピッドは男か女か。看板を製作した職人もその判断に困りはてたそうですが、「まっいか」ということで、1体は男の子、残りの1体を女の子として作りました。ですから、1体のキューピッドには可愛らしいオチンチンがついているのです。このパタパタ・キューピッドにもオチンチンがついています。キューピッドが、大好きな人のもとにラブレターを届けます。持っている手紙には極細のサインペンで、愛する人の名前を書いておきましょう。ポイントを稼ぐ絶好のチャンスにもなります。

Are cupids male or female? Old Kaichi Elementary School, which is an important national treasure, is located in Matsumoto City of Nagano Prefecture. At the front of the campus, there are carving of two cupids holding the sign of the elementary school. Are cupids male or female? Even the craftsmen who made the sign did not know. Finally, they decided to make one as a boy cupid, and the other one as a girl cupid. Therefore, one of them has a cute little penis on it. This Pitter-patter Cupid also has a penis and he delivers love letters to my beloved one. On the letter that he is holding, the name of my love is written with a very fine sign pen. I am sure when you give this to your beloved person, she or he will be very impressed.

牛の引き車　　Cow Pull Toy

このオートマタは歯車の動きが要となります。歯車が少し狂っただけでまったく回転しなくなってしまうのです。シャシーに取り付けられた箱の中にはオルゴールが入っていて、歯車が回転することによって、オルゴールが鳴りだします。山梨県の清里高原を旅行していたときに思い付いたオートマタです。106ページからの製作実例を見て作る際には、歯車の変型を防ぐため、できれば少し高級なシナ合板を使うようにしましょう。出来上がりもきれいです。

The most important mechanism in this automaton is gears. If a little thing goes wrong in a gear, it will not move completely. A music box is put inside the box that is installed on the chassis. When the gears rotate, the music box will sound. I got the idea of this automaton when I was traveling in Kiyosato Plateau in Yamanashi Prefecture.
When you try to make this automaton (we have examples from p.106 to p.108 in this book.), to avoid the gear to change its shape, I recommend to use plywood of a high quality. The finished product will be finer.

WALKY PENGUIN No.3

ウオーキー・ダック No1 のバリエーションです。オートマタを動かす仕組みは同じですが、こちらは 3 匹のペンギンがとぼけた顔で行進します。ペンギンは団体で行動する生き物です。ペンギンたちの前方から後方に飛んで行こうとする飛行機やヘリコプターを立ち止まって眺めているうち、そり返りすぎて、全部のペンギンが後ろ向きにひっくり返ってしまうという話があります。まったくの作り話なんでしょうけど……。

This is a variation of WALKY DUCK No.1. The mechanism is the same, but for this automaton, there are three penguins marching with heads facing the same direction. Penguins are animals that live and act as a group. There is a story that says when an airplane flew from the front to the back of the penguins, all of them followed the direction of the plane and at last they all flipped over. Well, actually this is a completely made-up story...

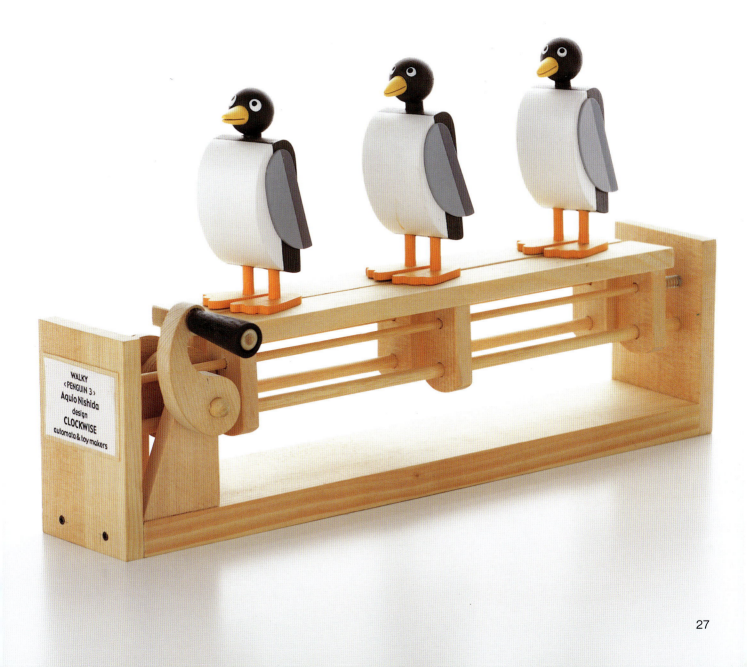

ドラゴン・ライダー　Dragon Rider

　アメリカンコミックの世界が大好きです。スーパマン、スパイダーマン、バットマン、ワンダーウーマン……。スーパーマンの番組が始まると、食事をとるのさえ忘れてテレビの画面に釘付けになっていました。1960年代からだったでしょうか、洋書店にさまざまなアメリカン・コミックが並びだしたのは……。小遣いをためてはコミックを買い漁り、懸命に模写をしたことを懐かしく思い出します。人体の骨格の構造や、人体の筋肉の付きかたは、アメリカンコミック・ヒーローが教えてくれたとも言えます。このオートマタは、ドラゴンの背中に乗った女戦士が戦に出かけていくシーンをイメージしました。

When I was a child, I was fascinated by the world of American comics. Superman, Spiderman, Batman, Wonder Woman... When the Superman TV show started, I would stick to the TV and even forgot to eat. I cannot remember very well, but I think it was from the 1960's when all kinds of American comics started to appear in Western bookstores in Japan. I still remember I used to save my pocket money to buy the comics, and tried very hard to reproduce the comic characters on paper. I can even say that it was the heroes and heroines in American comics who taught me the structure of human bones and muscles. This automaton depicts the scene of a female warrior, who is riding on the back of the dragon and is about to set out for a war.

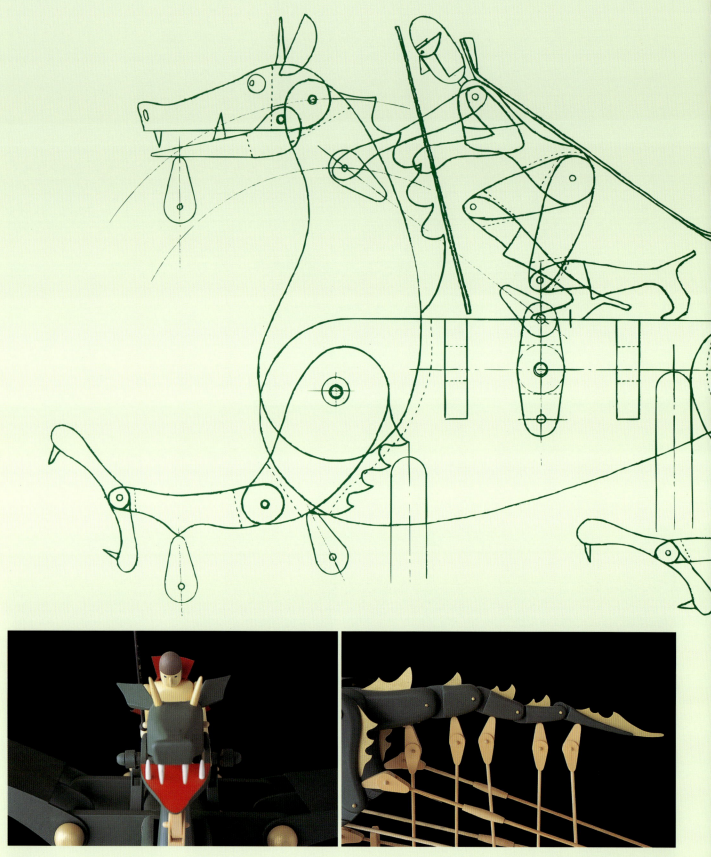

DRAGON RIDER
DESIGN
Akio Nishida

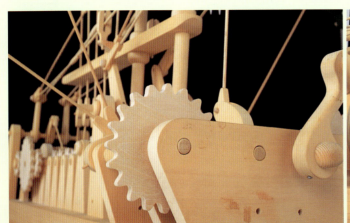

ウエイト・リフティング   **Weight Lifting**

歯数が10の歯車が3枚、歯数が20の歯車が3枚、合計6枚の歯車の組み合わせで作動します。人形が大きなバーベルをゆっくりと持ち上げていきます。バーベルを頭の上まで持ち上げると、今度はゆっくりと床まで下ろしていくオートマタです。その動作を表現するために6枚の歯車を使用しました。ハンドルを8回転させることによって人形は一連の動作を完了します。歯車は回転の速度を速めたり遅めたりできる、有効な機素の一つです。また使い方によっては、歯車は小さな力を大きな力に変えることもできます。

This automaton moves with the mechanism of three ten-tooth gears and three twenty-tooth gears, a total of 6 gears. The figure first lifts up the big barbell slowly and when the barbell reaches above its head, it slowly brings it back down again. To express this set of movements, I have used six gears. When the handle is turned eight times, the figure will complete a cycle of movement. Due to the flexibility of gears, they are very efficient components in a fundamental mechanism. The speed of gears can be accelerated and decelerated. Also, gears can shift a small amount of power to a large amount of power depends on how you use them.

1

2

3

4

セイラーマン　　Sailorman

海をイメージするオートマタを作りたいと思ったとき、水兵を思いつきました。簡単と言えば簡単ですが、モノが動く仕組みも知らなければ、機素という言葉も知らない時代に苦労して仕上げたタイプです。オートマタを作ろうとするとき、このように箱の上に乗っている人形の場合、まずその箱を正確に作らなければなりませんし、シャフトをささえる2枚の板も正確に直角に作らなければなりません。3枚の変型クランクも3枚とも同じサイズにカットしなければなりません。オートマタの製作、おもちゃづくりは、さまざまな技術が要求されるのです。

When I thought of making an automaton with the image of sea, the idea of a sailor hit my mind. The mechanism is actually very simple, but because I made this during the time when I still knew nothing about mechanism, it was a tough task for me. When you make this kind of automaton — a figure standing on top of a box, you must first make the box accurately. The two pieces of boards that support the shaft must be in right angles. Also, the three pieces of cranks must be cut in the same size. The production of automatas and toys really demands various techniques

プルチネッラ　　**Pulcinella**

プルチネッラはイタリアに興った民衆劇、コメディア・デラルテに登場するキャラクターの一人。舞台の上のおどけた仕種や台詞で人を笑わせていました。プルチネッラはイギリスに渡ってパンチと名を変えていきます。「パンチとジュディ」のパンチです。ドイツでは「カスパー」と呼ばれ、ロシアでは「ペトルーシュカ」と呼ばれるようになります。かのストラビンスキーが作曲し、フォーキンが振り付けを担当した「ペトルーシュカ」という1幕のバレエがあります。美しい踊子人形に恋をした道化人形ペトルーシュカの悲恋の物語。ハンドルを回すと、プルチネッラが舞台の上で踊りだします。

Pulcinella is a character in the popular Italian folk drama called Commedia Dell'Arte. The performers' humorous gestures and dialogues in the drama have brought lots of laughter and entertainment to many people. In Britain, Pulcinella is called Punch, the Punch in 'Punch and Judy'. In Germany, people call him 'Kasper' and in Russia, 'Pètrouchka'. In Commedia Dell'Arte, there is a ballet scene called Pètrouchka. The music of this scene is composed by Stravinsky and the arrangement was done by Fokine. It is a tragic love story about Pètrouchka, a clown puppet, who has fallen in love with a beautiful dancing doll. When you turn the handle, Pulcinella will start dancing on the stage.

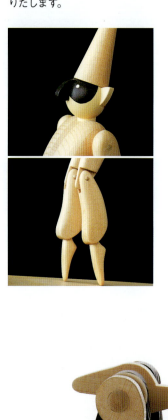

STRONG NOSE

ヤジロベエは広げた両手にバランサーを持ち、足でユラユラと直立しますが、この人形は「鼻」で絶妙のバランスを保ちます。通常のヤジロベエの足の部分が鼻に置き換わっているだけなのですが、たったこれだけでとても不思議なオートマタに仕上がりました。鼻の先が支点になっています。後ろに倒れかかろうとすると、両手に持った鉛のバランサーが前に倒れかかろうとして人形をほぼ水平に保っています。言葉にすると難しいようですが、作ってみれば、その理屈は簡単に理解できます。
（製作実例は116ページ～118ページに掲載）

The balancing doll erects himself on the pole, with arms stretched out holding a balancer on each hand and legs swaying in the air. He keeps a marvelous balance with his nose. I only change around the places of the nose and legs and it is only this little change that turned him into a mysterious automaton. The nose becomes the fulcrum and when the figure is about to fall backwards, the balancers on his two hands pulls him back, allowing him to stay in almost a horizontal position. It is hard to express it in words. If you try to make it yourself, you will understand the logic.

STRONG HEEL

「女王様とお呼び!!」そんな勇ましい声が聞こえてきそうなオートマタ。STRONG NOSEのヴァリエーションで、この作品は上手にかかとでバランスを取るように設計されていますが、精巧に仕上げられているおかげで、つま先でもバランスを取ることができます。（写真はつま先立ち。）ほかにも様々なキャラクターで製作されている、人気の作品です。
（有馬玩具博物館）

HELP

2007年製作。琵琶湖ビエンナーレ、神戸ビエンナーレへの出展のために、時間に追われながら仕上げた新作です。「ま、イメージ通りに出来上がったのではないか、と思う。」と西田さんらしいコメントがブログにはあります。ちなみにタイタン号とは海洋冒険作家のモーガン・ロバートソンが書いた中編小説『Futility（和題:徒労）』に登場する大型客船です。映画「タイタニック」同様、氷山にぶつかり沈没するというストーリー、船の大きさ、何から何まで一致することばかり。しかし、小説は1898年発行、タイタニックの事件はその14年後の1912年。ロバートソンの予知力か!?と言われるほどの不可思議な一致です。西田さんは不思議なことに惹かれる体質なのですね。

（有馬玩具博物館）

Ferdinand the Bull

みかけはこわいが　　とんだ純情な人だ

He Looks Fearful, in fact,
　　　　　He is Pure in Heart

1938年に発表されたディズニーの短編アニメーション"The Story of Ferdinand the Bull（雄牛のフェルデナンド）"の主人公、闘牛でありながら花を愛する、心優しく穏やかなフェルディナンドからイメージを得て作った作品です。くるんと上がったまつ毛が、フェルディナンドの優しい性格を表しているようです。ハンドルを回すと、牛がモグモグと反芻を始め、「モ〜」と鳴きます。
（有馬玩具博物館）

2007年製作。琵琶湖ビエンナーレで使用した針金ワークショップの材料から誕生した作品です。「自宅に針金を持ち帰り、グチャグチャといじくっているうち、見かけの怖いアンチャンの顔が出来上がる。見かけという言葉から、歌川国芳の浮世絵、『みかけはこわいがとんだいい人だ』を連想する。で『みかけはこわいがとんだ純情な人だ』というタイトルのからくり人形の製作」を思いついたという、インスピレーションの産物であります。　（有馬玩具博物館）

ピガサス　PIGASUS

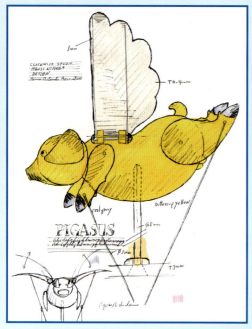

さて、困った・・・。急遽、新しいからくり人形を作らねばならない。で、描きためていたアイデア・スケッチの中から、「PIGASUS/ピガサス」を作ることにした。イギリスには「FLYING PIG」という言葉がある。直訳すれば「空飛ぶ豚」という意味だが、イギリスにおいては、「やれば出来る」という意味にも使われるらしい。で、空飛ぶ馬「PEGASUS/ペガサス」をもじり、空飛ぶ豚「PIGASUS/ピガサス」を作ることにした。「豚もおだてりゃ空を飛ぶ」、なのであるね。「PEGASUS」の「E」を「I」に変えるだけで、意味がまったく違ってくる。我ながらいいネーミングだな、と思うが、どうだろう。（2008年5月14日の西田明夫ブログより抜粋）

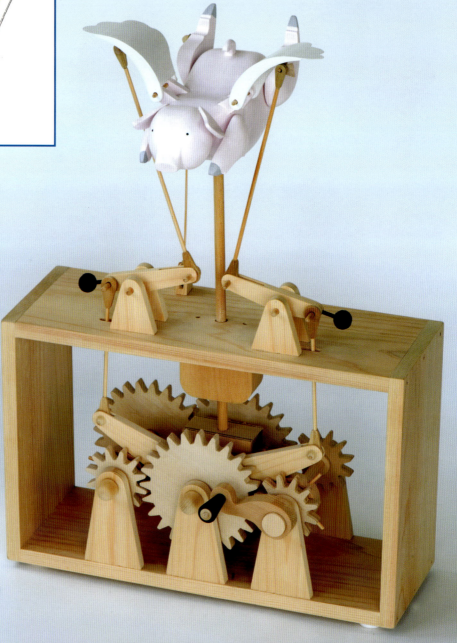

摩訶不思議動物園（スケッチ図）

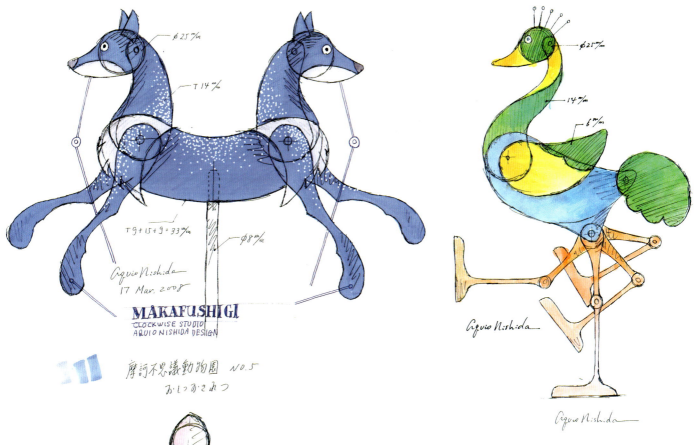

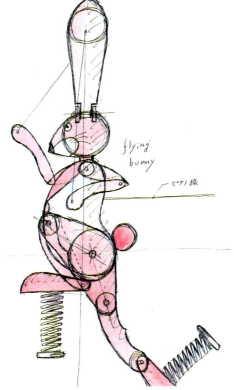

出版社のYさんと語らい、「新しいからくり人形の本を出版しよう」、ということになる。少し気が早い、とは思ったが、本のタイトルを「摩訶不思議動物園」に決める。現実にはありえない動物たちをからくり人形に仕立て、それを紹介してみたい、と思うが、それらが不気味になってしまってはいけない。摩訶不思議の世界に住む摩訶不思議な動物たち。それをどのように表現するか・・・、がとても難しい。先日から、そのデザインを始めているのだが、四本脚の鶏の場合など、ついつい、そのカラーリングを現実の鶏に似せて描いてしまったりする。これではファンタジーにならない。現実から遊離していて、なおかつ不気味ではない動物たち。いろんなアイデアが浮かんでは消えていく・・・。タイトルを「摩訶不思議動物園」と決めたものの、そこに登場する動物たちには、やはり何かの「寓意」を持たせなければならない。そこんところが、ちと、難しい・・・。（2008年3月17日の西田明夫ブログより抜粋）

工房風景 1　オートマタができるまで

大きなプロ用の機械。

オートマタを彩るアクリル絵具やペン。

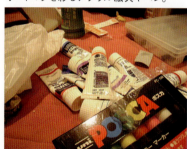

ガリバー、ピノキオ、浦島太郎…
オートマタのイラストは、
こんなにも正確に描かれ、
色も指定されているのですね。

海をテーマにしたからくり。波の模様を丁寧に描いている最中。

図面に工具、様々なパーツ。大型のオートマタにはたくさんの道具が必要。

フリーハンドで描いているように見えますが、よく見ると下書きされています。

よりスムーズに動くように、
より美しい作品に仕上がるように、何度も微調整。

慎重に動きを確認します。

色んな形の木のパーツがぎっしり!!
西田作品は全て手作業の木製パーツで作るのが信条。

組み立てを待つパーツの数々。時には組み立て現場で色を塗りなおすこともあります。

（有馬玩具博物館）

オートマタづくりを楽しむために
For the Enjoyment of Automata Production

by 西田明夫

色彩と配色の訓練
Training on Color and Color Coordination

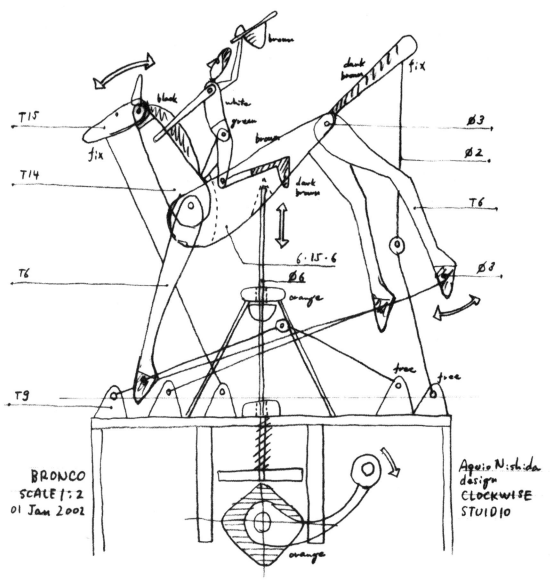

　オートマタに着色を施すとき、私はアクリル絵具を使うようにしています。絵具は同じメーカーの同じ絵具を使うのが好ましいと思いますが、絵具がチューブの中に入っているときと、それを木の表面に着色したとき、そしてそれが乾いたときでは微妙に明るさや鮮やかさが違って見えるものです。また、例えば白の下地に黄の絵具を塗った場合と、黄の下地に黄を重ね塗りした場合では、確実にその色は違ったものになってしまいます。深い緑を表現したい場合には、緑の下地を塗った上に緑を重ねるという作業が必要ですし、明るい緑を表現したいときには、黄の下地の上に緑の絵具を重ね塗りするという作業が必要になることもあります。どちらにしても、一度に仕上げてしまおうとはせずに、不要になった木っ端のようなモノに試し塗りを幾度か施し、色を確認してから作品への着色にと

りかかるという習慣をつけるのが良いと思います。
　製作のシーンにおいて、着色はほぼ最終の工程に近い作業になりますから、ここで作業を急いで失敗すると、取り返しのつかないことになりかねません。また、チューブから取り出した絵具をそのまま画用紙の上に塗り、それをデータとして保管しておくことも、配色の訓練の有効な手段になります。黄のAはこれ、黄のBはこれ、青のAはこんな色、赤のA、赤のB、赤のC……というように、さまざまな色を画用紙の上にペイントして保管しておくのです。
　また例えば、赤のAを20％と青のAを80％混ぜたときにはどのような紫になるか。黄のAを40％と青のBを60％混ぜたときにはどのような緑に仕上がるのか……。さまざまな色を混ぜ合わせ、それらをデータとして保管しておくことで、着色時におけるイメージ

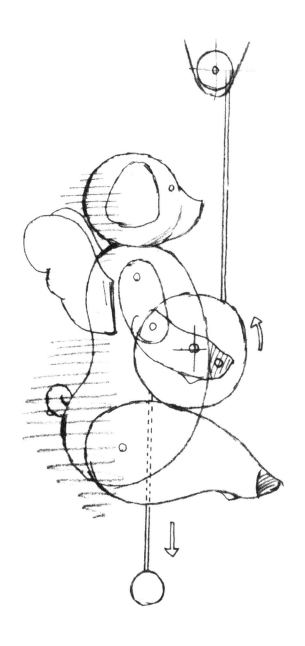

I use acrylic paints for the coloring of automata. I think everyone likes to use the paints by the same maker. However, even for the color from the same tube of paint, it has a subtle difference when painted on wooden surface, and when it is dried. Moreover, when you paint white over a yellow layer, the color will certainly appear differently from painting yellow over a yellow layer. If you want to express a deep green color, it is necessary to make a green layer first and then paint another green layer over it. Likewise, if you want to express a bright green color, you have to paint yellow for the first layer and then paint green over it. In either case, the coloring cannot be done in a hurry. I think it is a good habit to try the color several times on unwanted wood chips to make sure it is the right color before putting it on your work. Since coloring is almost the last stage in the production process, if you hasten and make a mistake here, it is very hard to retrieve the original work in most cases.

Another effective practice for color coordination training is to keep a set of color data. You do this by painting the colors on drawing paper and keep them as data. You paint a variety of colors on drawing paper and label them, for instance, this is Yellow A, that is Yellow B, this kind of blue is Blue A...etc. You can also keep samples of mixed colors, for example 20% of Red A mixed with 80% of Blue A produces this kind of purple; and 40% of Yellow A mixed with 60% of Blue B makes this kind green...etc. When you have a set of color data handy, the image will be clearer when you do the coloring. It is unnecessary to collect many coloring paints at once. Just like posters, postcards and other printed matters, they are printed with only four color inks---red, blue, yellow and black. Therefore, if you have red, blue, yellow, black and white, the five basic coloring paints, you can almost mix any colors you want. The importance is the adding and reducing of the amount of base colors when you mix them. When you are familiar with the use of colors, you can then get more variety of coloring paints. On the turnover of this book's cover, there are some color samples for your reference.

が明確なものになっていきます。また、一度に多くの絵具を取りそろえる必要はありません。ポスターや絵葉書といったほとんどの印刷物が、赤・青・黄・黒の4色のインクで印刷されているように、絵具も代表的な赤・青・黄・黒・白の5色を取りそろえておくことで、ほとんどの色は表現できます。赤と青と黄と黒と白、要はそれぞれの絵具の混ぜ合わせ加減なのです。そして色に慣れてから、少しずつ絵具を増やしていけばよいのです。カバーの折り返しの部分にカラー・サンプルを表示しています。

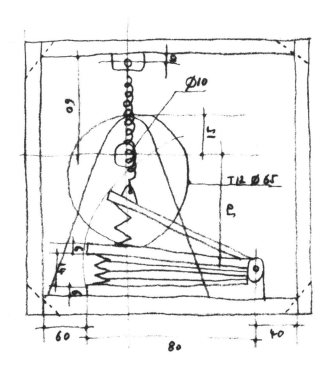

木のおもちゃのデザインについて
The Design of Wooden Toys

「木は暖かい」「木は優しい」……。よく耳にするフレーズです。私も確かに木の暖かさや優しさを感じてはいますが、木という素材が持つそれらの要素以上に、木の暖かさや優しさを引き出すのは、実は「デザイン」ではないかと考えています。デザインが良ければ木という素材が持つ特性はもっと引き出されるでしょうし、デザインが悪ければせっかくの素材が駄目になってしまいます。当たり前の話ですが、そういった意味で、私は「木は優しい、木は暖かい」というフレーズを信じてはいないのです。暖かさを感じさせる直線や曲線、優しさを感じさせるカーブやその処理。それらが木という素材をなお一層暖かくし、優しくするのだと思います。

「機能を追求すれば、そこには自ずと美が現れる」ともよく聞きます。一理あるとは思いますが、建物を例にとった場合、機能だけを追求すれば、建築物は箱形が一番機能的であるということになってしまいます。狭い土地の上に建物を建てようとした場合、機能を追求すれば、建物は箱形にならざるを得ません。しかし、それでは「潤い」というものが失われてしまうのではないでしょうか。子供のために木のガラガラを自作しようとした場合、子供の小さな手で握ることができる大きさであるとか、子どもが片手で軽々と持ち上げることができる重さであるとか、口に入れても喉を突かないように安全性に配慮がなされているとか、それらのさまざまな機能を満たすのは当然のこととしながら、美しい形、美しい色のガラガラを製作することが重要なのだと思います。それがデザインということだと思います。

デザインとは「問題に対する解答である」という名言があります。そして、そのデザインが誰のためのものであるのか、何のためのものであるのかということも大変重要なファクターになります。作るおもちゃが誰のためのものであるのか。子供のためなのか、大人のためなのか、身体に障害を持った子供たちのためなのか……。それらも考慮しなければなりません。求められる機能を十分に果たしながらもなおかつ美しい、それがデザインということだと思います。もちろん、そのおもちゃのデザインが自分のためのものであっても一向に構わないのです。

おもちゃに限らず、モノを作る場合、人はまず頭の中でそのイメージを描きます。そしてそのイメージを紙の上に描くという作業を通じて、頭の中のイメージはより鮮明なものになっていきます。「もう少し全体を大きなものにしてみよう」とか、「もう少しカーブを大きくしたら」と考えながら紙の上に描くことによって、より良いデザインに近付けていくことができるのです。言い換えれば、脳と目と手は連動しているといえます。頭の中でイメージしたものを手を使って描く、それを目で見ることによって頭が認識する。その繰り返しが重要なのです。

頭の中で立体としてイメージしたモノを、紙という平面の上に置き換えて描く。そしてそれを見て頭の中でもう一度立体のモノとしてとらえ直し、それに修正を加えながら再度紙の上に描く…。最終的には、紙の上に描かれた平面的なスケッチや図面を見ながら立体的なモノを作り上げるという作業になるのです。ですから、良いデザインのおもちゃを作るためには、頭の中に浮かんだイメージをそのままスケッチできるという訓練をしなければなりません。少しデッサンやスケッチの練習をするのも良いかと思います。

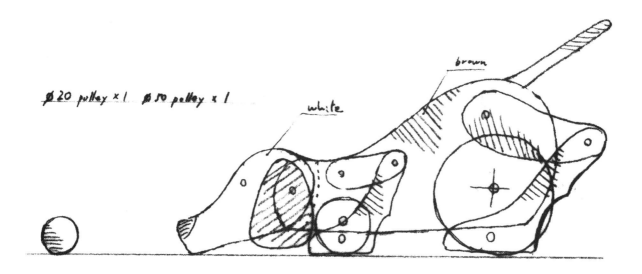

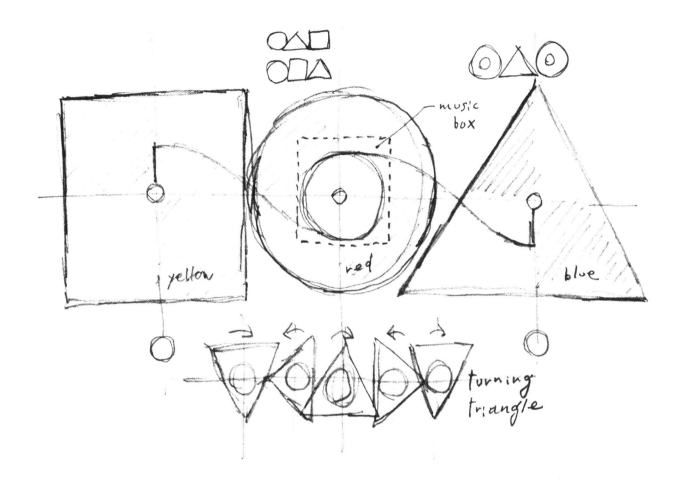

'Wood has a feeling of warmth and gentleness'. Many people have heard this expression before. Certainly, I also feel the 'warmth' and 'gentleness' in wood, but I think what really draws out these two features is 'design'. If the design is good, the characteristics of wood can be drawn out even more. On the other hand, if the design is bad, the precious material will be wasted. Of course, everyone knows this, but what I am trying to say is, I do not believe the expression of 'wood has a feeling of warmth and gentleness'. It is the straight and curved lines, which bring out the 'warmth'; and it is the curves and the control of the curves, which give the 'gentle' feeling of wood. I think these are the factors that give wood a warmer and gentler feeling. Many people say, 'if one pursues to fulfill the function of an object, the beauty of the object will be shown naturally by itself'. I think this is reasonable to a certain extent, but let us take a building as an example. If we only focus on fulfilling the function of the building, the most functional shape will be the shape of a box. To construct a building on a small piece of land, if we only concentrate on its function, it will only end up as a box-shaped building. However, don't you think the building will then lose its grace and charm?

When you make a rattler for children, you will consider things like whether the size is small enough for a child, whether the weight will be too heavy for a child to hold with one hand, or whether the parts will choke a child when swallowed by accident. Of course, you will try to satisfy all the above functions, but at the same time, to make a rattler with beautiful shape and attractive colors is very important too. This is what I think design is. There is a famous saying that says 'design is the solution to a problem'. Not only so, but the factor of 'who and what the object is designed for' is also very important too. Is it for children? For adults? For physically handicapped children? All these have to be considered. I think design is the production of an object, which fulfills all the required functions while possessing its beauty as well. Of course, that toy can be designed for yourself too.

Not only for toys, but when you make things, you will first draw an image in your mind. Then, you will draw it on paper to make the image more vivid. While drawing it, you make changes here and there, so that the design gets better and better. In other words, it is a series of actions that involves the brain, eyes and hands. You visualize the object in your brain as a three dimensional image and you draw it out with your hands on a flat surface. You then look at it with your eyes, your brain analyses it and you make necessary changes with your hands. The repetition of this process is very important. Finally, when you finish the sketch, you then enter the stage of making the two dimensional image into a real three dimensional object. Therefore, to make well-designed toys, you must be able to sketch out the image in your mind. Some sketching and drawing practices will be very helpful.

オートマタの考え方
What I Think The Automata Is.

　「機素」という言葉があります。文字どおり「機械の素」という意味です。どんなに複雑な動きをする機械であっても、その元をたどっていけば、滑車、クランク、歯車、カム、チェーン…といった、実にシンプルな仕組みの組み合わせで動いていることが容易に理解されます。滑車、クランク、歯車…、モーターの回転運動を上下の運動に変える仕組みや、上下の運動を左右の運動に変える仕組み…それらモノを動かす仕組みを機素と呼び習わしていますが、子供のためのおもちゃでさえ、コンピューターが制御し、その動く仕組みがブラックボックス化されている現代において、動く仕組み、機素の組み合わせまでもデザインされたオートマタの製作は、意味のあることと思われてなりません。

　コンピューターがモノを動かしているのではありません。コンピューターは指令を出す役目を担う仕組みであり、実際にモノを動かしているのは機素の組み合わせによる機構なのです。オートマタの製作は機素＝動く仕組みを説明するためのものではありません。オートマタは「生命のあるモノの動きを真似る生命のないモノ」と定義されていますが、動く仕組み＝機素をどう組み合わせて何を「表現」するかという問題の解答がオートマタなのです。動く仕組み＝機素を作るだけではオートマタやおもちゃには成り得ません。それは子供たちに動く仕組みを教えるための教材でしかないのです。機素を組み合わせて何かを表現しなければなりません。表現されるものは皮肉であったり、哀愁であったり、笑いであったり、何かの情景であったりします。

　製作のための一例を挙げますと、犬のオートマタを作ろうと思い付いた場合、同じ猟犬でも脚の短いダックスフントを作るのか、脚の長いポインターを作るかでは、おのずとその表現も違ったものになってきます。ダックスフントの動作にはどことなくおかしさが漂いますが、ポインターが疾走するシーンには躍動感を感じます。そのように、ただそれぞれの動作を強調するだけで、ダックスフントのオートマタには「おかしさ」や「可愛らしさ」、ポインターのオートマタには「躍動感」が表現できることになるのです。

　また、英語の「HOUND DOG」（猟犬）には「女の尻を追っかける男」という俗な意味もありますから、逃げる女性の後を追いかける猟犬のオートマタを作ることができれば、それはそれで大変な皮肉が表現できることになるのです。人間が持っているさまざまな感情や思考、それらを表現するための動く仕組み、それがオートマタではないかと思います。

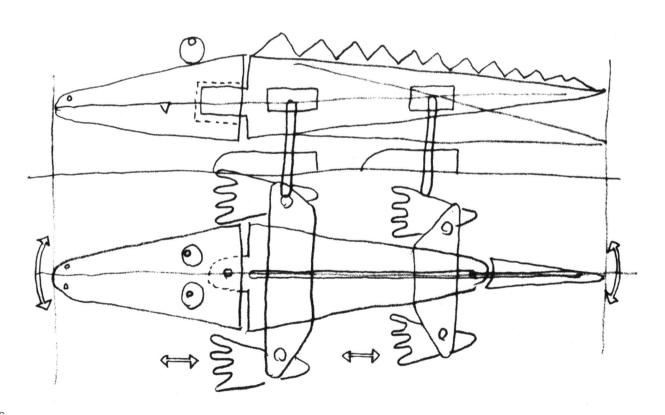

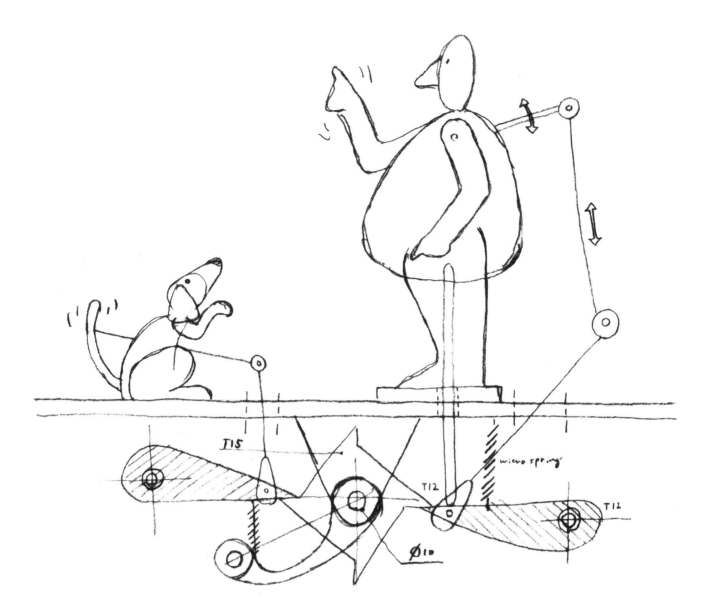

There is a Japanese word known as kiso. *Ki* means machine and *so* means origin. By putting them together, it means the fundamental mechanism of a machine. No matter how complicated the movement of a machine is, if you search for the basic components, you will find that the movement is caused by a combination of simple mechanism like pulleys, cranks, gears, cams, chains... mechanisms that can change a motor's circular motion to an up and down movement; and from an up and down movement to a right and left motion. These mechanisms that moves things are commonly called kiso.

In the modern world where technology has become so advanced that even children's toys are controlled by computers and the inside moving mechanisms are no longer comprehensible, I think the making of automata, in which each and single moving mechanism is carefully designed, has become even more meaningful. It is not computers that cause objects to move. The duty of computers is to make commands. It is actually the mechanisms that cause objects to move. The making of automata or toys is not just putting moving mechanisms together. An automaton is 'a non-living thing, which imitates the movements of a living thing'. It is like the answer to the question of what the movements of a group of mechanisms are trying to express.

By just making a set of moving mechanisms, it will not become an automaton or a toy. It is just something to teach children about mechanism. The set of moving mechanisms must work together to express something. It can be sarcastic, sad, funny, or a situation. For instance, if you want to make an automaton of a hound dog, you can choose to make a Dachshund with short legs, or a Pointer with long legs. Of course, the expression of movements will be different too. For a Dachshund, you might want to emphasize its funny and cute features. While for a Pointer, you will want to express its fast and lively motions. Also, since the word 'hound dog' has another meaning of 'a man who chases after the buttocks of women', you can choose this sarcastic theme and make an automaton of a girl who is trying to run away from a hound dog that is chasing after her. A set of moving mechanisms working together to express human feelings and thoughts --- I think this is what the automata is.

オートマタづくりのルール
The Rules of Making An Automata

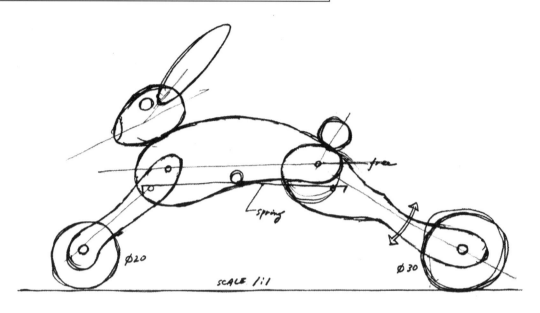

　日本では「メートル法」が制定されているにもかかわらず、製材の現場や材木店では今だに「尺貫法」が生きています。よく3×6版のベニヤ板……というような表現がされますが、これは3尺×6尺の大きさ、つまり、横：約90cm×縦：180cmの大きさという意味なのです。私がデザインするすべてのオートマタは、3mmという厚みが基本的な単位になっています。これはホームセンターなどで入手できるさまざまな大きさの板の厚みが、3mm・6mm・9mm・12mm・15mm……というように、3ミリのピッチで製材されて売られていることが多いという理由によります。

　積み木の世界には「基尺」という概念があります。基は基本の基、尺は長さの単位。基尺という言葉は「基本的な長さ」「モジュール」を意味しています。縦3×横6×長さ9cmの積み木があった場合、この積み木のサイズはすべて3cmで割り切れるところから、この積み木のことを「基尺3cmの積み木」と呼び習わします。オートマタを製作するにあたっても、この基尺・モジュールを決めておくと何かと便利です。

　手許に6mmの厚みの板が無い場合には、3mmの板を2枚重ねれば6mmになりますし、30mmの板が欲しい時には、15mmの板を2枚重ねれば30mmになる。45mmの板が欲しい場合には、15mmの板を3枚重ねてもいいし、30mmと15mmを重ねてもよい。ですから、この本で製作の実例として取り上げている幾つかのオートマタの「厚み」は、ほとんどが3mmの基尺になっています。

　もちろん、デザインの都合上、ときには4mmの厚みの板を使用していることもありますし、オートマタを駆動させる都合上、14mmの板を使用していることもあります。ですから、この項のタイトルである「オートマタづくりのルール」というのは、オートマタを製作するにあたっての「自分だけのルール」「自分で決めるルール」という意味に捉えてください。もちろん、使用する板の厚みが5mmのピッチ、5mmが基尺になっても一向に差しつかえはありません。

　イメージしたオートマタを紙の上に描くとき、私はまずその側面のイメージを描いていくことから始めますが、大事なのは、その「厚み」をどれくらいにするかということも同時にイメージしながら描くということなのです。まずは入手可能な板の厚みを確認しておくことが大事です。

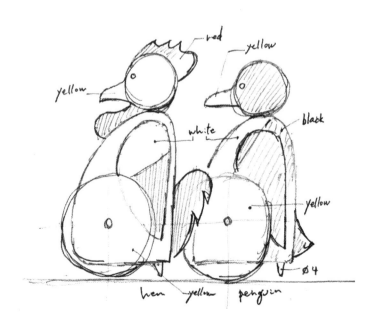

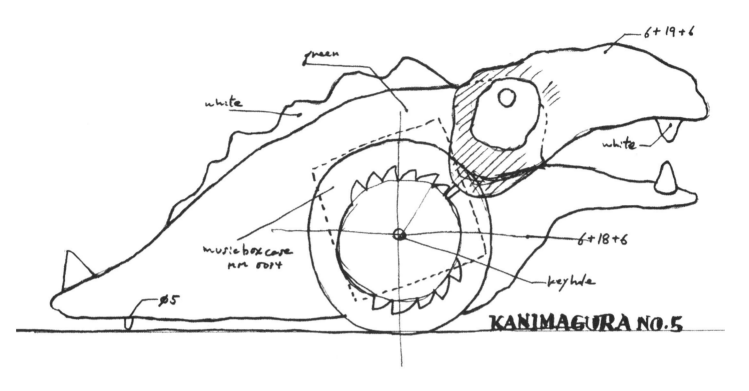

In Japan, although meter has been enacted as the common measuring unit, foot is still used as a measuring unit in lumber businesses. Expressions like '3 X 6 ban of a piece of plywood' are often used. What this means is, a board of 3 feet x 6 feet. In other words, the width is approximately 90cm and the length is approximately 180cm. For the automata that I design, I have set the basic unit as 3mm thick. It is because the thickness of the various sizes of wooden boards sold in home furnishing stores are usually calculated in the multiples of three, i.e. 3mm, 6mm, 9mm, 12mm, 15mm...etc.

In the world of building blocks, there is the concept of kishaku. Ki means fundamental and shaku is the measuring unit of length. Therefore, the meaning of *kishaku* is 'the basic length' or 'module'. For example, a building block has a measurement of 3cm x 6cm x 9cm. Since the measurements of this block can all be divided by three, this building block will be called 'a block with a module of 3cm'. Same with the making of automata, it will be more convenient if you set the module in advance.

For instance, if you do not have a 6mm thick board, you can replace it by putting two 3mm thick boards together. Likewise, if you want to use a board of 30mm thick, you can use two 15mm thick boards instead. And if you want a board of 45mm thick, you can pile three 15mm thick boards together or you can use one 15mm and one 30mm thick board. Almost all of the automata given as examples of the production process in this book have modules set as 3mm.

Of course, boards of other thickness such as 4mm and 14mm are also used in order to match the design or the movements.

Therefore, the title of this chapter should be 'Your Own Rules for the Making of Automata' instead. Also, if the thickness of the board you use is the multiples of five, it is all right to change the module to 5mm. When I draw the image of the automata I have in mind, I will draw the side of the image first. It is important to consider how thick you want the automata to be while drawing out the image. Another important thing is to check the thickness of boards that are available beforehand.

オートマタづくりのための道具と材料
The Tools and Materials for Making Automata

　オートマタの製作にあたって、特別な道具や材料を取りそろえる必要はありません。ボール盤、電動の糸ノコ機、ナイフ、サンドペーパー、絵具、絵筆、ペンチ、クランプ、直線定規、分度器、鉛筆、コンパス……、ホーム・センターや文具店で入手できるたったこれだけの道具でオートマタの製作は可能です。

　プロ仕様の力の強い機械があれば申し分はありませんが、卓上タイプの非力なボール盤や糸ノコ機でも十分に製作することができるのです。製作実例の頁に掲載されている「パタパタ・キューピッド」のような簡単なオートマタでさえ、眼に見えない部分も含めて、実に48個ものパーツが使われています。1つ1つのパーツの誤差が微細なものであっても、それが48ケ所にも集積されることによって、小さな誤差が結果的に大きな誤差につながっていくのです。オートマタを早く美しく正確に作るためには、「ゆっくりと丁寧に作る」のが最良の方法だと思います。ゆっくりと丁寧に作る。経験的にもそれが早く美しく作るための最良の方法であると言えます。手持ちの道具が少なくても何の問題もありません。オートマタのデザインと製作の項で詳しく述べますが、要は手持ちの道具の使い方にさまざまな工夫を凝らせば良いのです。

　またその材料についても、軟らかくて粘り気があるとか、固くて割れやすいといったように、木にはその樹種によっていろいろな性質がありますが、ここではあまり堅苦しく考えないで、かまぼこの板でもいいでしょうし、ホームセンターで入手できるラワン材でも良いでしょう。十分に乾燥した材木を工夫して使えば良いのです。そして何よりも失敗と成功、多くの試行錯誤を繰り返すことで、さまざまな知識と技術が身についていくことになるのです。

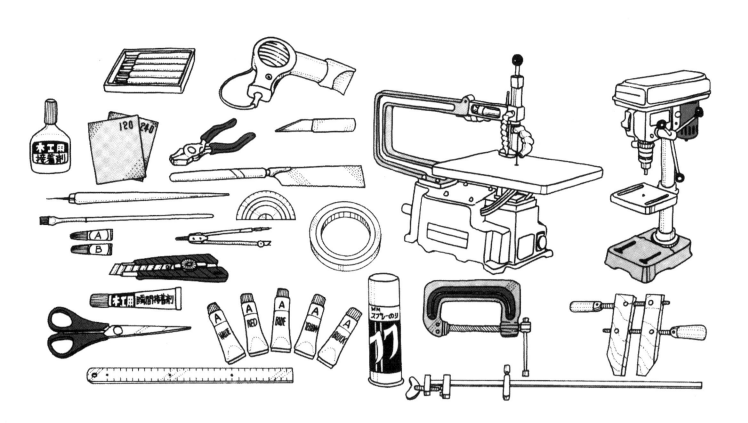

You do not need very special tools to make automata. If you have an electric drill, electric scroll saw, a knife, sandpaper, coloring paints, color pencils, pliers, a cramp, a ruler, a protractor, a pencil, a compass..., tools that you can get from any home furnishing store or stationery store, you can already start making your own automata. It will be perfect if you have professional tools, but ordinary electric drill and scroll saw will be good enough.

Even for a simple automata like 'Pitter-patter Cupid' shown on the color page, actually forty-eight components are used, including the areas which cannot be seen. If there is an error in each component, no matter how small that error is, forty-eight small errors together make a big error.

In order to make a beautiful and perfect automata in the least amount of time, I think the best way is 'to work on it slowly and carefully'. The limitation of tools is not a problem at all. I will discuss this further in later chapters, but the importance is to make full use of the tools you have and devote your time on each and every step in the production.

Also, when you use wood for the material, you have to be careful of the characteristics different kinds of wood have. Some of them might be soft and sticky while some are harder and breaks easily. It is not something difficult to deal with. You just need to make sure that the wood is completely dry and work on it carefully.

Above all, the most important is failure or success. With the repeating process of trial and error, you will equip yourself with all kinds of knowledge and skills, which will eventually lead you to success.

●あると便利な道具と工具

電動糸ノコ機　ボール盤　カッターナイフ　分度器　直線定規　コンパス　小刀　クランプ　スプレーのり　サンドペーパー（120番・240番）ドライヤー　アクリル絵具（赤・青・黄・黒・白）アクリル絵具用絵筆　マスキングテープ　はさみ　ペンチ　目打ち　木工用ボンド　2液式接着剤　木工用瞬間接着剤　ハタガネ　ノコギリ　彫刻刀

● **It will be handy to have the following tools:**
electric scroll saw, electric drill, cutter, protractor, ruler, compass, knife, cramp, spray glue, sandpaper (No.120 and No.240), hair dryer, acrylic paints (red, blue, yellow, black, white), acrylic paint brush, masking tape, scissors, pliers, gimlet, white glue for woodwork, adhesive glue, saw, carving knives

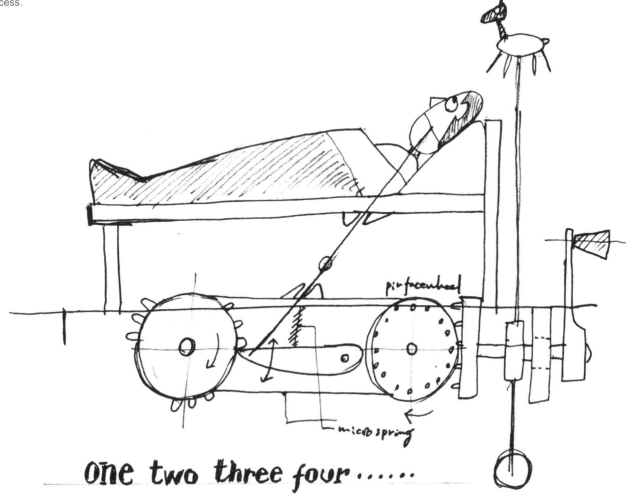

one two three four……

パーツの作り方と考え方
The Making and Design of Parts

　この本でご紹介しているオートマタは、すべて「木」で作られています。ご存知のように、木は空気中の湿気を吸ったり吐いたりしていますが、その結果、梅雨時には木は大きく膨張し、空気が乾燥する冬には木は収縮することになります。正確さを要求される木のオートマタづくりにおいて、この木の膨張と収縮は一番厄介な問題なのです。接着を確実にしたはずなのに、いつの間にか接着がはがれているというトラブルがよく発生します。木と取り組むということは、水と取り組むことと同じようなものなのです。

　前述しましたように、オートマタは実に多くのパーツや部品から構成されていますから、その小さなパーツの1つひとつを丁寧に作るという作業を抜きにして、オートマタの製作を語ることはできません。どうすれば正確なパーツを作ることができるのか、どのように作れば恒久的にオートマタが確実に作動するのか。直径4mmの丸棒をスムースに回転させるには何ミリの直径の穴を開ければいいのか。手持ちの工具でどうすれば正確な円盤が作れるのか。製作の実例を挙げながら、それらを紹介していくことにいたします。

The automata introduced in this book are all made of wood. Wood absorbs and expels moisture in the air. As a result, wood will expand during rainy season, whereas it will shrink when the humidity is low. If you want to make wooden automata that will function perfectly, the hardest problem to solve is the expansion and shrinkage of wood. What often happens is, the places you think you have bonded together strongly come apart without notice.

As mentioned before, the automata is made up of many parts and it is vital to work on each and single part carefully. How can I make parts that fit accurately? How can I make long lasting automata that will move smoothly even after a long time? How big should I make the hole so that a rod with 4mm diameter can rotate without difficulty? How can I make the right disk with the tools I have? I will discuss the above with real examples.

※ボーンおよびナスビは、適当な呼称がないためこちらで名付けました。☆印が付いているパーツは、作るおもちゃの種類や大きさが異なっても、原則としてサイズは不変です。

1 円盤の作り方☆　How to make a disk

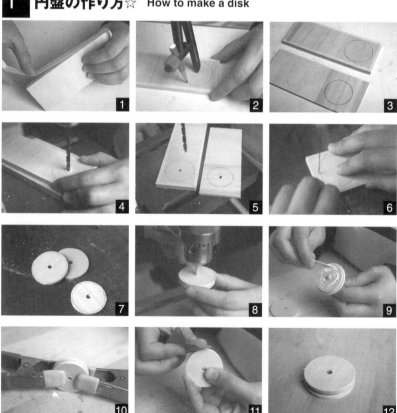

❶厚さ3mmの板を2枚用意し（ここでは米ヒバを使用）、写真のようにマスキングテープで仮止めします。この2枚が、外側にくる円盤（φ40mm）になります。❷仮止めした材に、コンパスでφ40mmの円を描きます。❸前出とは別の板（厚さ3mm）を用意し、こちらにはφ35mmの円をコンパスで描きます。（写真手前）。これで2種類（φ40mmとφ35mm）の円盤を作る用意ができました。❹それぞれの板の中心に、φ5mmの穴を開けます。❺どちらの材の穴も貫通させます。❻コンパスで描いた墨線に沿って糸ノコで切り抜きます。このとき墨線の外側を切るようにしましょう。その理由は、内側を切ってしまうと、後でサンドペーパーで成形したときに、仕上がりサイズよりも小さくなる恐れがあるからです。作業は落ち着いて進めましょう。❼切り抜き終わった円盤です。この段階では、周囲が多少ギザギザです。❽φ40mmの円盤の中心にφ5mmの丸棒を差し込みます。このとき、ボール盤に丸棒をセットして行うと作業が容易です。この作業が終了した時点で、#120程度のサンドペーパーで墨線まで粗仕上げしておきましょう。❾2枚の円盤を仮止めしていたマスキングテープをはがし、一方の円盤に木工用接着剤を塗ってφ35mmの円盤を接着し、さらに残ったφ40mmの円盤を接着します。❿接着剤が固着するまでグリップで固定し、一晩放置しておきます。⓫接着剤が固着しているのを確認したら、#240のサンドペーパーで仕上げます。⓬完成した円盤です。一般的にはプーリーと呼ぶ場合もあります。

2 ワッシャーの作り方 How to make a washer

❶ドーナツ形の円盤を作り、中心に丸棒を差し込んでサンドペーパーで仕上げる工程は、前出の円盤作りと同様です。サイズは作るおもちゃによって異なるため、各々のパーツ図に合わせて決めてください。❷完成したワッシャーです。材は米ヒバ。

3 クランクの作り方 How to make a crank

❶それぞれのおもちゃの作り方頁に併載しているパーツ図をコピーして厚さ9mmの板に貼り（このときスプレーのりを使います）、φ4.5mmとφ5mmの穴を貫通させます。❷二つの穴を開けた板から、クランクを糸ノコで切り抜きます。このときも慎重に作業を進めましょう。やはり墨線の外側を切り抜くようにします。❸切り抜きが終了したら、型紙をはがして♯240のサンドペーパーで仕上げます。❹完成したクランクです。ここではスプルースを使用しました。

4 ※ボーンの作り方☆ How to make a bone

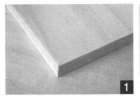    

❶厚さ6mmの米ヒバを用意し、円盤づくり同様にマスキングテープで固定します。❷パーツ図からボーンをコピーして板に貼ったら、ボール盤を使って指定の位置に指定のサイズの穴を開けます。ボール盤の振動で板がガタつかないように、しっかりと固定しましょう。❸穴開けが終了したら、墨線の外側を糸ノコで慎重に切り抜きます。❹切り抜きが終了したボーンです。2枚の板を重ねることで、2種類のボーンが2本ずつでき上がりました。❺小刀を使って面取りを施しましょう。きれいに面取りするにはコツがいりますが、回数を重ねることでマスターしていきましょう。❻面取りが終了したら、♯180→♯240のサンドペーパーを使い分けて仕上げて行きましょう。❼完成したボーン。

5 歯車の作り方☆ How to make a gear

 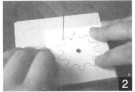

❶厚さ9mmのシナベニアを用意し、パーツ図の型紙をスプレーのりで貼ります。その中心に直径5mmの穴を貫通させます。❷墨線の外側を糸ノコで切り抜きます。❸♯180→♯240のサンドペーパーで仕上げます。バリを残さないようにしましょう。❹歯車の完成です。

6 リンケージの作り方　How to make a linkage

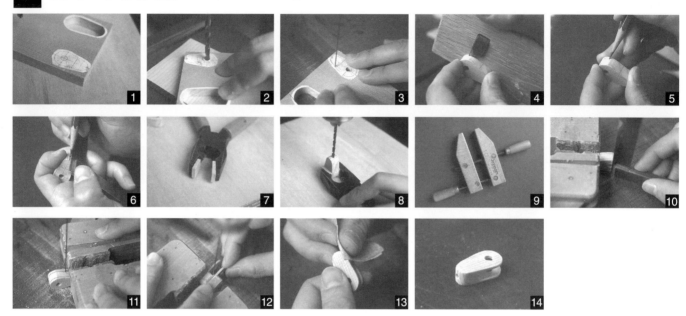

❶厚さ6mmのスプルース材を用意し、パーツ図の型紙をスプレーのりで貼ります。❷ボール盤を使ってφ5mmの横穴を貫通させます。❸糸ノコで墨線の外側を切り抜きます。❹ふくらんだ側を欠き取るので、そのための墨線を罫引きで入れます。この墨線を罫書き線と呼びます。ここでは曲面にも墨線を回さなければならないので罫引きを使用しました。❺わかりやすいように、鉛筆で罫書き線の上を鉛筆でなぞります。❻横穴の中心線の延長線を、すぼまった側の頂点上に墨付けします。このときスコヤを使います。❼ペンチを用意し、写真のように薄板を両面テープで貼り付けておきます。❽ペンチで材を固定し、頂点にφ1mmの穴を垂直に開けます。穴の深さは、横穴の中心の延長線上まで。ペンチをしっかり握って固定しましょう。❾写真のような木製クランプ（下に置いたとき、平面が出るもの）を使用してください。❿穴の開け終わった部品をクランプではさみ、横穴の中心の延長線が糸ノコのテーブルと垂直かどうかをスコヤで確認します。⓫先ほど罫書き線を入れた部分を糸ノコで欠き取っていきます。最初は木目方向に刃を入れます。まず左側の墨線に沿って糸ノコの刃を入れていきます。このとき刃の位置は墨線の内側。次に右側に刃を入れますが、このとき一度指定の箇所まで刃を進めたらいったん戻し再度刃を進め、指定の箇所の手前でU字形に刃を進めていきます。⓬U字形の延長線上を、木目と垂直になる方向を落としていきます。これが「中抜き」という技法です。隅に小さな三角部分が残りますが、この部分はきれいにさらいましょう。両サイドが薄いので慎重に作業を進めましょう。⓭＃240のサンドペーパーで仕上げます。⓮リンケージの完成です。パーツづくりの中で、このリンケージづくりが最も熟練を要する作業です。初心者の場合何度か失敗するかもしれませんが、短気にならずにテクニックを身につけてください。アマチュア木工の最大の利点は、スケジュールに追われることなく好きなだけ時間をかけて作業を進められるところにあります。つまり、作業自体が木工の楽しみの一つといえます。

7 ※ナスビの作り方☆　How to make a nasubi

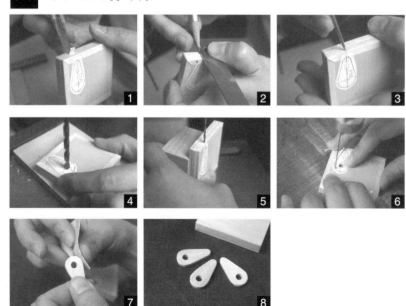

適当な呼称がないので、私たち仲間内では「ナスビ」と呼んでいます。これは前出のボーンと同じです。読者の皆さんが、それぞれの呼び方を付けてくださっても一向に構いません。

❶厚さ3mmの米ヒバを3枚重ねてマスキングテープで仮止めし、型紙を貼ったら、垂直穴を開けるための墨付けをする必要があるので、マスキングテープの一部をカッターで切り抜きます。❷横穴の中心の延長線を木口に墨付けします。❸木口の中心を、目打ちを使って墨線上に印します。❹φ3.5mmの横穴を貫通させます（掲載のパーツ図の直径とは異なります）。❺木口にφ1mmの穴を垂直に開けます。深さは型紙で指示された所まで。写真のように木のブロックを添えれば、材がぐらつきません。❻穴加工が終了したら、糸ノコで切り抜きます。❼マスキングテープをはがし、それぞれのパーツをサンドペーパーで仕上げます。❽ナスビの完成です。3枚の板を重ねて加工することで、効率の良い作業ができます。

8 ヘッドキャップの作り方 ☆ How to make a headcap

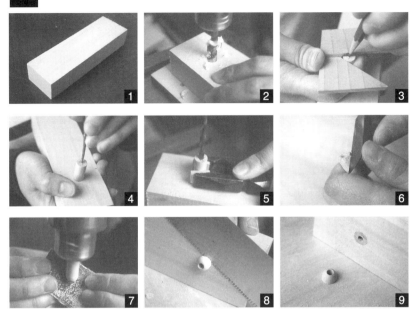

❶このパーツの作り方は、これまでとは少々異なります。まず厚さ30mm程度の木のブロックを用意してください。❷このブロックに、φ10mmの穴を貫通させます。ね、ちょっと大胆でしょう。❸この穴にφ10mmの丸棒を差し込んだら、写真のような治具を用意して丸棒の中心を墨付けします。何本か墨線を引き、その交点が中心となります。❹丸棒の中心に、目打ちで印を打ちます。❺丸棒がぐらつかないようにペンチなどで固定したら、φ4mmの穴を開けます。深さは20mm程度。❻木のブロックから丸棒を抜いて、小刀で丸く面を取ります。❼ある程度丸くしたら、丸棒をボール盤のチャックに固定して、サンドペーパーで成形していきます。ここで使用したサンドペーパーは#120→#180です。❽成形の終了した丸棒を再び木のブロックに差し込み、所定のサイズに切断します。❾これでヘッドキャップ1個のでき上がり。6の作業を繰り返しながら必要な数のヘッドキャップを作りましょう。

9 ハンドグリップの作り方 How to make a handgrip

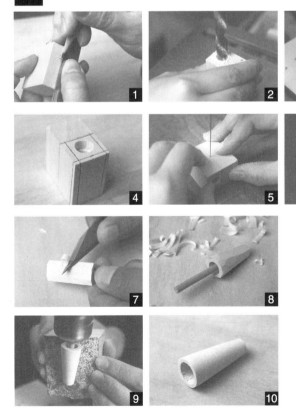

❶厚さ15〜20mmの木のブロックを用意し（長さは適宜）、木口側にセンターを墨付けします。❷このセンター部分に、φ11mmの穴を開けます。深さは6mm。この穴に、先ほど作ったヘッドキャップがゆったりめに入ることになります。❸φ11mmの穴の中に、さらにφ5mmの穴を開けます。この穴は貫通させます。❹穴の周囲にφ2.5mm程度の余裕を持たせ、ほぼ正方形の形に墨付けし、その延長線を木端面（長手方向）に回します。❺墨線に沿って糸ノコで切り落とし、角材を切り出します。❻角材ができ上がりました。❼小刀を使って面取りします。このとき、細い丸棒を差し込みながら作業を行うと楽でしょう。❽途中で写真のようにテーパーを付けていきます。❾ある程度成形が完了したらボール盤に装着し、#120程度のサンドペーパーで仕上げます。❿ハンドグリップの完成です。

ダイレクトメールの数々

2001年から2005年までに開催した個展より…

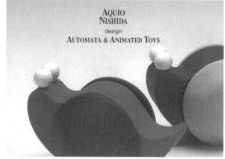
November.2001

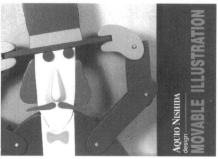
March.2002

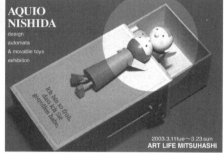
March.2003

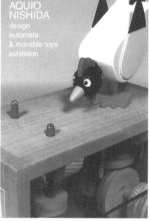
January.2003

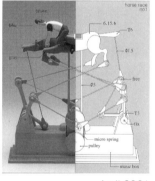
April.2001

October.2004

December.2004

November.2003

March.2005

March.2004

オートマタのデザインと製作
the Design and Production of Automata

by 西田明夫

発想とキャラクターづくり
Conception and the Making of Characters

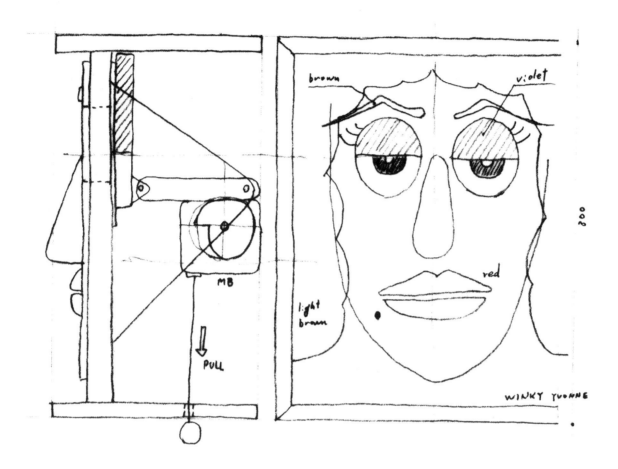

　寝転がってテレビの競馬中継を観ていると仮定します。画面の中で馬が疾走するシーンを観て、「馬は美しい」と感じたなら、それは馬のオートマタを製作するキッカケになります。ただ、競馬のシーンをそのままオートマタにするのではなく、例えば「イギリスの片田舎で繰り広げられる草競馬」といったようなシチュエーションを想像することによって、そのオートマタは情景あふれるものになっていきますし、数頭の馬が競争するシーンを思い浮かべれば、それは躍動感にあふれるオートマタを考え付いたということになるのです。
　田舎に旅行する機会があれば、適当な紙の上に「田舎→山→川→森→キツネ→クマ→きこり→斧→ノコギリ……」と思い付くままに書いていきます。そこから「キツネ×きこり」「クマ×斧」というように連想を進めていき、またそこから「2匹のキツネのきこりが木を切るオートマタ」「クマが斧をふるって薪を割るオートマタ」と連想を進めていけばいいのです。夜空に数匹のコウモリが飛ぶシーンを見たときには、同じように「コウモリ→ヴァンパイア→血→赤→ワイン……」と連想し、「機械仕掛けのコウモリをヴァンパイアが操縦しながら赤ワインを飲む」というように想像を膨らませていきます。このように考えれば、オートマタを製作するにあたって、そのデザインのネタはどこにでも転がっているのだと言えます。要は、眼の前をよぎる様々な出来事や風景を見のがさなければいいのです。
　さて、そのキャラクターのデザインですが、馬のオートマタを作ろうとするときには、やはり馬のスケッチから始めなければなりませんが、重要なのは、リアルな馬の彫刻を作ろうとしているのではなく、馬をモチーフにしたオートマタを作ろうとしているという、その違いをハッキリと認識しておくということでしょうか。ですから、正確なスケッチができればそれにこしたことはありませんが、ただ単に馬が動くだけのオートマタには何の魅力もないように、オートマタで何を表現するかが一番重要なことなのですから、あまりその正確さにこだわる必要はないと思います。馬なら馬の特徴を把握しながら、それを自分なりに意図的にデフォルメしていけばいいのです。直線的なデザインの馬があってもいいでしょうし、やたら尻尾や首の長い馬があってもいいのです。

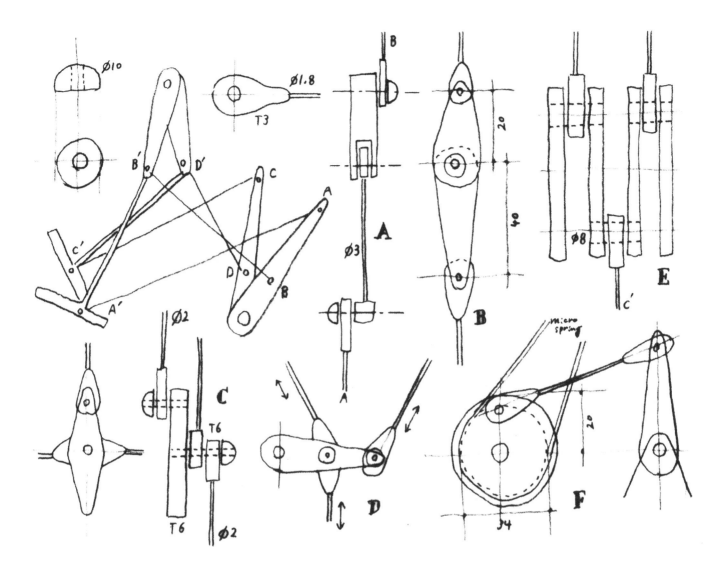

Imagine that you are lying on a sofa, watching a live broadcast of a horse race. When you see the horses dashing in full speed and you think 'how pretty the horses are!' This might be the thing that triggers you to make an automaton of a horse. However, you do not need to limit your thought to the horse race scene on TV. You can imagine a scene of a local horse race in the English countryside and make an automaton of such a situation. Or you can produce an automaton of lively motion and excitement, depicting the scene of several horses competing.

If you have a chance to visit the countryside, draw on pieces of paper the things that come to your mind. For example, countryside ➔ mountains ➔ rivers ➔ forests ➔ a fox ➔ a bear ➔ a woodcutter ➔ an axe ➔ a saw...etc. From there, you associate the things in your mind like this, 'fox and saw', 'bear and axe'. And then, you can proceed to thoughts like 'an automaton of two fox woodcutters cutting a tree' or 'an automaton of a bear cutting firewood with an axe'. Similarly, when you see the scene of a few bats flying in the night sky, you connect it with 'bats ➔ vampire ➔ blood ➔ red ➔ wine...' in your mind. At last, you expand your imagination to 'a mechanical bat controlled by a vampire who is drinking red wine'. In this way, the things that trigger ideas for automata designs exist in any places.

You just have to be aware and not to miss them.

Now, it is about the design of the character. For instance, if you want to make an automaton of a horse, you must first begin with horse sketches. However, the key is to know that you are not making a statue of a real horse. You are going to make an automaton with the motif of a horse. The importance is the theme that you are trying to express with the automata. Therefore, you do not need to do a precise sketch of a horse. You only have to grasp the characteristics of a horse and then change it the way you want it to look like. You can make it into a horse with a straight outline or a horse that has a long neck and tail.

デザインの実際
The Actual Design

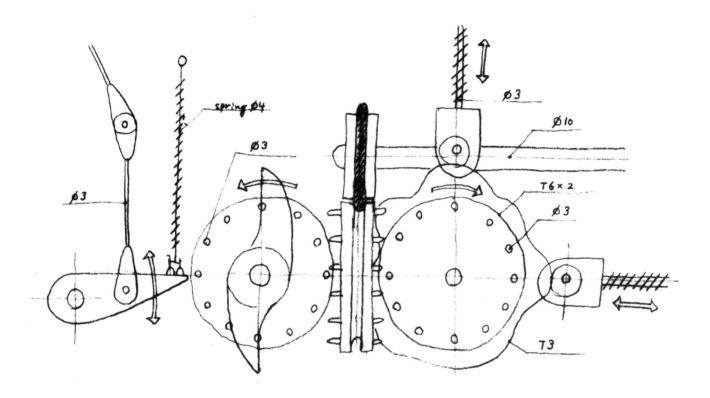

　さて、前項ではデザインの発想とキャラクターのデザインについてのモノの考え方を述べましたが、ここではその実技について述べていくことにいたします。本来なら、スケッチブックを片手にそのモチーフとなるさまざまな動物や植物、そして静物や人間を描くという作業を繰り返すのが最良の方法なのですが、絵心のない人にはとても難しい作業であると言わざるを得ません。そこで役にたつのが図鑑。哺乳類図鑑、魚図鑑、植物図鑑……など、さまざまな図鑑が出版されていますね。ライオンを素材にしたオートマタを作ろうとしたとき、図鑑に掲載されているライオンのイラストをコピーしてしまいます。作るオートマタの大きさに合わせて、150倍・200倍というように拡大し、それにトレーシング・ペーパーをあてて敷き写してしまえばいいのです。ただ、残念なことに、図鑑にはライオンの側面のイラストしか描かれていないのが通例です。平面的なオートマタを作る場合にはこれでも十分に役にはたつのですが、立体としてのオートマタを作ろうとする場合には、ライオンの写真集を購入して調べるとか、動物園に出かけてスケッチを重ねるしか方法はありません。

　前述しましたように、ライオンのイラストをトレースするだけではなく、そのイラストをどのようにデフォルメするのかが重要なポイントになってきます。その作業を抜きにして独自のデザインによるオートマタの製作は不可能であると言わざるを得ませんが、もちろん、デフォルメという作業に慣れないうちは、トレースしたものをそのまま使っても一向に差しつかえはありません。そして、ライオンの頭、首、前脚、後脚、尻尾……、それらを動かしたいと希望するのであれば、その骨格の成り立ちも少しは知っておいたほうが良いでしょう。ライオンの前脚の付け根はどの辺りにあるのか、後脚の付け根は、首は胴体のどの辺りを支点にして動いているのか……。そもそも哺乳類の骨格はほとんど同じような構造をしています。人間と同じようにライオンにも胸骨はありますし、大腿骨や骨盤も存在します。ただ、それぞれの位置や大きさ、そして形状や長さも違うということを理解しておけば良いのです。

　しかし、動物や人物の場合、いくらデフォルメしたからといっても、動くはずのないような動きをするオートマタは不自然なものなのです。人間をモチーフにしたオートマタを作る場合、その人形のスタイルが4頭身であっても2頭身であっても一向に構いませんが、やはり、腕は腕のように動かなければなりませんし、脚は脚のように動かなければなりません。そのためにも、日頃から身近にいる猫や犬といった動物、そして人間の動作をよく観察しておくのが良いと思います。またそれとは逆に、それらの動きをまったく無視して、常識では考えられないような動きをするオートマタの製作は楽しいものです。まずは自分が思うままのオートマタをデザインし、思うように作るということから始めるのもいいかもしれません。

In the chapter of 'Conception and the Making of Characters', we have discussed the way of perceiving an object. In this chapter, I will further explain the practical skills. Originally, the best method is to draw sketches of the animals, plants or people that will be the theme of your work. However, to a person who cannot draw very well, this is a very difficult task. In that case, picture books are very useful. Picture books of mammals, fish, plants...etc, you can find all kinds of picture books. If you want to make an automaton of a lion, you can photocopy the illustrations of lions in the picture book. Then, you enlarge the chosen image 150 or 200 times larger to match the size of the automaton that you want to make and trace it out using tracing papers. Unfortunately, often only the profile of a lion is shown in picture books. If you are going to make an automaton of a two-dimensional lion, the image will be very useful. But if you want to make a three-dimensional lion, you have to use other resources such as photos of lions or go to the zoo and make sketches of real lions.

As I have mentioned before, when you trace out the lion from the picture book, the main point is to make deformation so that it will become the lion that you have in mind. If you skip this step, it is impossible to make an automaton of your own design. Of course, if you are still not used to making deformation, it is fine to just use the image you have traced out. Furthermore, if you want the head, the neck, the forelegs, the hind legs, the tail... to move, it is better to do a bit of research on a lion's body structure.

Where is the joint of a lion's forelegs to the body? How about the hind legs? Where is the fulcrum of the head and body?... Almost all mammals have a similar body structure. Lions are just like humans, they also have rib bones, thighbones and girdle. But we have to know that the location and the size of such features of a lion are different from humans.

No matter how much you deform the image of a lion, it is unnatural if the body parts of the automata that do not move in reality are movable.

When you make automata with the motif of humans or animals, whether it is a two-headed or a four-headed human figure, the arms or the legs should move the same way as they are in reality. Therefore, it is beneficial to observe the movements of animals and humans in daily life. On the other hand, you can also choose to ignore all these and make automata with movements that are totally incomprehensible by commonsense. The best way to start is to design the automata according to the image in your mind and make them the way you think is right.

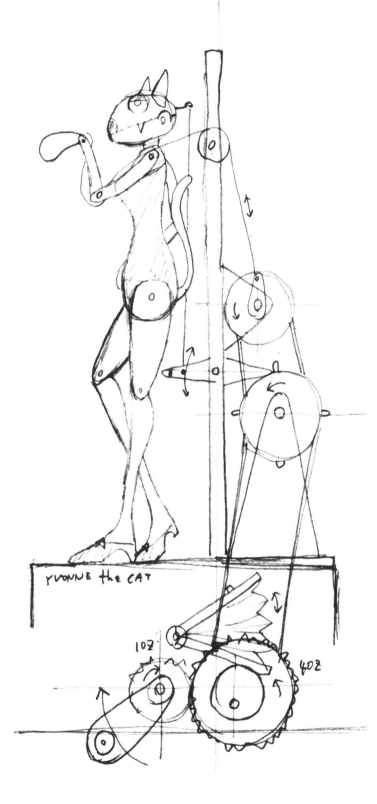

製作の基本
The Fundamentals of Production

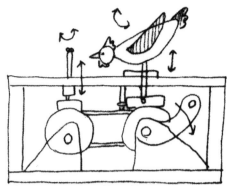

The Early Bird catches the worm?
Aquio Nishida design
CLOCKWISE STUDIO
automata & movable toys makers.

　オートマタという言葉は英語の「AUTOMATIC」(自動の)という言葉と、「MATTER」(事柄・物体)という二つの単語から成り立っています。ですから、オートマタは動くからこそオートマタであると言えます。鉄道のレールの例を持ち出すまでもなく、金属でさえ熱によって膨張と収縮を繰り返しますが、木製のオートマタにおける木の膨張と収縮は金属の比ではありません。仕上げたばかりのオートマタがスムーズに動くのは当たり前のこととしても、木には経年変化というものがありますし、前述しましたように、何よりも水分の浸入と乾燥に気を配らなければなりません。5年たっても10年たっても制作時と同じような動きが求められるような作り方をする、または加齢するにつれて動きがよりスムーズになるような作り方をしなければなりません。キャラクターには絵具で着色することによって、100%とまではいかなくても水分の浸入を抑えることが出来ますが、機素の組み合わせによる機構の部分には細心の注意が必要になってきます。直径5mmの丸棒を回転させる場合、5.5mmの穴を開けておけばほぼスムーズに回転してはくれますが、梅雨時には木が空気中の水分を吸うことによって回転が渋くなってしまいます。逆に5.8mmの穴を開けると、確かに梅雨時でも回転はスムーズになりますが、空気が乾燥する冬や、エアコンの効いた部屋の中ではガタが生じてしまうのです。

　では、いったい何ミリの穴を開ければよいのか……? 使用する木材の乾燥度にもよる事柄なので一概には言えないものがあります。その解決策の一つとして、つや消しのラッカーを塗装するという方法があります。ただ、すべてのパーツのすべての面にラッカーを塗装するということは、接着剤の利き目を弱めるという結果を招きますから、接着するのり代の部分にはあらかじめテーピングを施しておくという作業が必要になってきます。

　オートマタの製作はこのようにとても面倒くさいものなのですが、それだけに、出来上がったときの嬉しさや感激はひとしおであると言えます。円盤を作る場合でも、製作してしばらくの間放置しておくと、必ずその形はいびつなものになってしまっています。極端に言うと、円に作ったはずのモノが、水分を吸うことによって楕円に変型してしまうのです。ではそれを乾燥させると元の円に戻るかというとそうではなく、楕円のままで収縮してしまうから厄介。求める大きさよりも少し大きめに円盤を製作し、少し時間を置いてから再度求める円の大きさにカットするといった作業を繰り返さなければなりません。

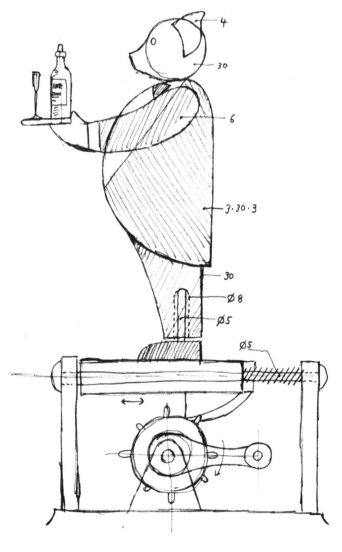

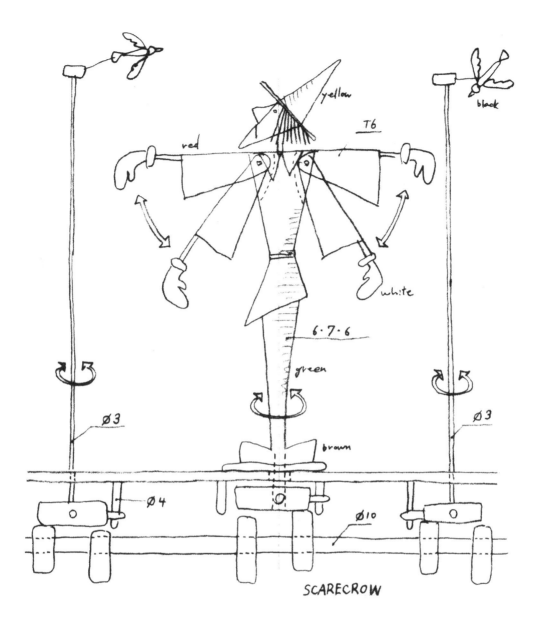

SCARECROW

The word 'automata' is made up of two English words— 'automatic' and 'matter'. Automata are movable figures and that is why they are called 'automata'. Like in railroads, metals expand and contract due to effect of heat. Similarly, expansion and contraction also occurs in automata made of wood, though the difference is not as intense as in metals. Even if an automaton moves smoothly when it is newly completed, due to the changes occur in wood as time goes by, plus the effect of moisture on wood mentioned above, problems might appear after a period of time. Therefore, we have to be careful during the production process. We have to make sure that the automata will move as smoothly as it is first completed even after years go by. The coloring on the character can help to stop moisture from getting in the wood, but we have to pay extra attention to the mechanism.

For instance, if you open a hole of 5.5mm for a rod with a diameter of 5mm, it should rotate smoothly. However, during the rainy season when the wood absorbs a lot of moisture in the air, the rod might not rotate as easy as before. Then, you think if you open a hole of 5.8mm, the problem should be solved. But unfortunately, in winter and air-conditioned rooms, the air becomes dry and the wood will contract. This will cause a gap between the rod and the hole. So, how big should you make the hole? Since different kinds of wood have different characteristics, there is no exact answer to the question. However, one of the solutions is to paint a layer of non-gloss lacquer on the surface. Because lacquer will weaken the adhesiveness of glue, before painting lacquer on the components, it is better to put masking tape on places where glue will be used.

When you make a wooden disk and leave it there for a while, you will find that the disk will somehow change its shape. In extreme cases, it might even change its shape to an eclipse rather than a circle. Even when it gets dry again, it will not change back to a circle, but shrinks in the shape of an eclipse. Therefore, the solution to the problem is to make a disk that is larger than the original size and then trim it to the right size after it has been exposed in the air for a while. Automata's production process is quite troublesome, but your effort will surely be rewarded with joy and excitement when it is completed.

AUTOMATA GALLERY

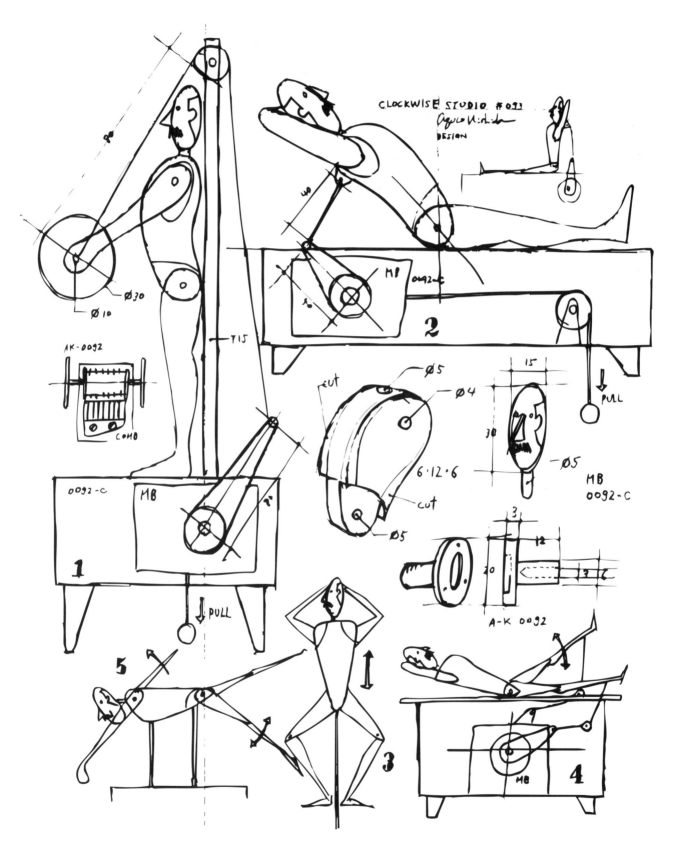

機素について
About Fundamental Mechanisms

「オートマタの考え方」の項でも述べましたように、どんなに複雑な機械であっても、その元をたどっていけば、実に簡単な機構の集まりであることが理解されます。それら、モノを動かす最小の単位を「機素」と呼んでいます。機素は2000種類、一説では4000もの種類があると言われていますが、ここでは「木」のオートマタを解説していますから、金属では可能であっても、木では製作が出来ないという機素もおのずと出てきます。回転運動を上下の平行運動に変換したり、回転運動を左右の平行運動に変換する、それらの機素のいくつかをご紹介いたします。

As I have discussed in the chapter 'What I think The Automata Is', no matter how complicated a machine is, it is made up of a combination of simple parts. The smallest fundamental mechanisms that move objects are called *'Kiso'*. There are about 2000 types of kiso and some people even said that there are 4000 types. However, there are *kiso* that can be made with metal, but not with wood. Mechanisms that change a rotating motion to an up and down parallel movement and also from a rotating motion to a left and right parallel movement... I am going to introduce some of the *kiso* here.

スタンパー
Stamper

三つの突起をもつカム軸が1回転するごとに、ツメがスタンプのてこの力点を押し上げ、ツメが外れるとスタンプは自然に落下します。昔の足踏み式の米つき機の仕組みです。日本の水車の内部の構造に使われていました。

When the camshaft rotates once, the protruding tooth will lift up the lever and the lever will move up and down in a stamping motion three times. In the past, this mechanism was used in machines that made wheat into flour.

ピン面歯車
Pin Face Wheel

横軸の回転を縦軸の回転に変えたり、縦軸からの回転を横軸に変換できる機構です。現代ではほとんど使われなくなってしまいましたが、昔はエネルギーの方向を変える機構として多用されていました。水車や風車によく見られる仕組みです。この本に紹介しています「腹ぺこヴァンパイア」にも使っています。

This mechanism changes a horizontal rotating motion to a vertical rotating motion. The Japanese water wheel and the windmill have the same mechanism as a Pin Face Wheel.

スライダー・クランク
Slider Crank Chain

回転運動を左右・上下の往復運動に変換できる機構です。蒸気機関車の大きな動輪を動かす仕組みです。木のオートマタづくりのシーンにおいて、このスライダー・クランクの仕組みを覚えておけばとても便利ですし、簡単な仕組みですから、木で製作した場合でも故障はそんなにありません。

This mechanism changes a rotating motion to a horizontal forward and backward movement. This is the mechanism used in steam engines.

クロス・スライダー偏心輪
Cross Slider Eccentric

スライダー・クランクよりも、より正確に回転運動を上下や左右の運動に変える仕組みです。偏心（中心の位置をずらした）した円盤を回転させることによって、その円盤を取り囲む四角いマスが左右の往復運動を繰り返します。電動糸ノコ機の針を上下させる仕組みに使われています。

This mechanism changes a rotating motion to a left and right movement. You can find this mechanism in a scroll saw. Also, a door lock functions with the movement of this mechanism too.

ゼネバ・ストップ 1
Geneva Stop 1

回転を1/4に断続的に落とす機構です。右側の円盤の回転スピードを操作することによって、一定の間隔で人形を上下させたりする機構に使います。ゼネバ・ストップは、もともとスイスのジュネーブで発明された仕組みであるところから、ゼネバと呼ばれます。

This is a mechanism that the plate on the left will rotate once when the disk is turned four times. Geneva Stop was named according to the place where it was invented----Geneva, Switzerland.

ゼネバ・ストップ 2
Geneva Stop 2

ゼネバ・ストップ1と違い、右側の円盤を1回転させると、左側の板が1/6回転します。つまり、右側の円盤を6回転させることで左側の板は1回転するのです。もともとはゼンマイのキーの巻きすぎを防ぐために開発された仕組みですが、回転を1/6のスピードに断続的に落とすための機構としても使えます。

This mechanism functions almost the same as Geneva Stop 1, only that the plate on the left will rotate once when the disk is turned six times. This is installed in watches to avoid over-winding the spring.

ロバーバルはかり
Roberval Balance

真ん中の支柱の2点を支点にして、左右の2本のバーが平行運動する仕組みです。上皿天秤ばかりに使われている仕組みですが、2本のバーは必ず平行の運動をし、片方のバーを押す（引く）ともう一方のバーは出るところから、人形が出たり入ったりする仕組みにも使えます。

The right and left bars in this mechanism are parallel to each other when they move. This mechanism is often used for figures of automata that emerge and draw back. Also, the board that is fixed between the pier and the ship for passenger boarding uses this mechanism too.

自動はねあげツメ車
Ratchet Wheel with Pawl Lift

てことリンクが連結していて、レバーを上下に回すことで、一定の方向にだけツメ車を回転させます。レバーを上に持ち上げるとツメは車から離れ、下に押し下げるとツメと車がかみ合い、車が回転するという複雑な機構です。ある一定の方向に随意の回転が欲しいときに使う仕組みです。

When the lever is lifted up, the gear will not move. But when the lever is pulled down, the gear will move.

工房風景2　ある日の仕事場と西田さん

散らかっているようで、使い勝手のいいデスク。西田さんの工房での定位置です。

「おもちゃの兵隊No.1」オルゴールに合わせて、パッカパッカと走る様子が目に浮かびます。

アトリエに現れた「パリのお針子」。カタカタカタ‥‥ミシンの音が聞こえてきそうです。

スケッチブックを開くと、夢の世界が広がります。

「草競馬No.1」ゴール目指して疾走中！

ラフスケッチ。アイディアの宝庫です！

ゆっくりとアイディアを膨らませている様子。そっと見守りましょう！
（有馬玩具博物館）

オートマタ製作実例集
Actual Examples of Automata Production

摩訶不思議動物園
ブタに真珠

パンチ&ジュディ
Punch and Judy

プルチネッラの項でパンチの由来を説明しましたように、16世紀にイタリアで興ったコメディア・デラルテのプルチネッラは、イギリスに渡ってその名前を「パンチ」と変えます。亭主役のパンチと女房役のジュディが織り成す舞台は、その歯に衣をきせぬ喋り、鋭い風刺とギャグによって、民衆たちから熱狂的な人気を得ていました。1992年に廃刊となったイギリスの漫画週刊誌『パンチ』の名もパンチ&ジュディからきています。このオートマタは、麺棒を持ったジュディがパンチに殴りかかろうとしています。サブタイトルは「浮気の後始末」とでもしておきましょうか。

As I have explained in the passage about Pulcinella, Punch is the name used in Britain for Pulcinella, a character in a 16th century Italian folk drama called 'Commedia Dell'Arte'. In the drama, Punch plays the role of a husband, while Judy plays the role of a wife. With the humorous and sarcastic jokes, the drama had gained a great deal of popularity from the public. Even the English comic magazine 'Punch', which was discontinued on 1992, also took its name from 'Punch and Judy'. This automaton depicts the scene of Judy who is about to beat Punch with the rolling pin in her hand. Maybe we should add 'The Consequence of Being an Unfaithful Husband' as the subtitle.

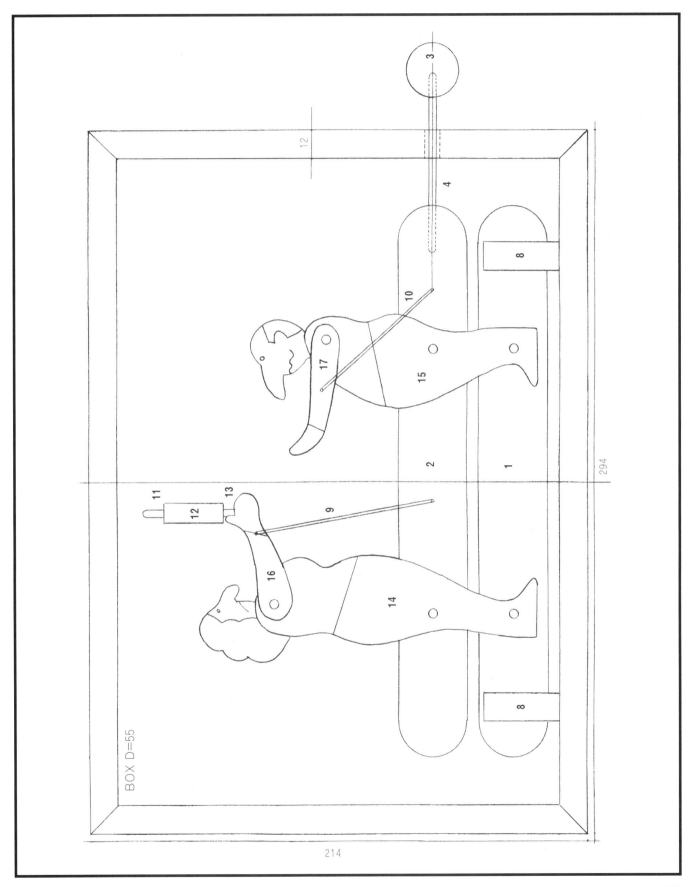

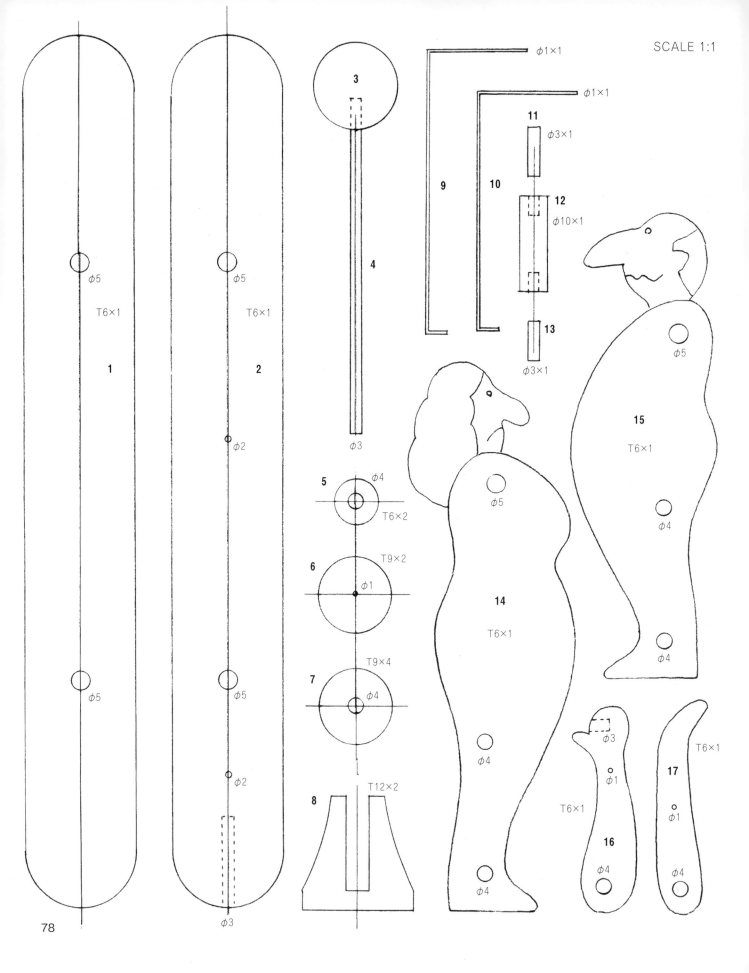

ビールは楽しい　　Beer is Fun

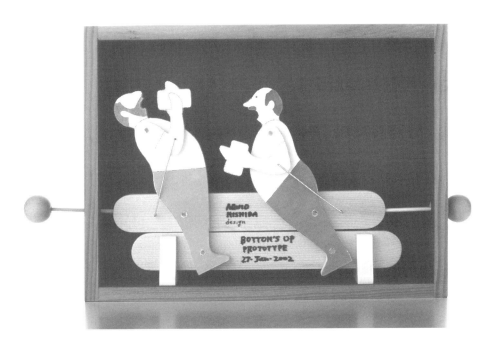

パンチ＆ジュディのバリエーションです。仕事の都合でドイツを旅行する機会に恵まれています。ドイツ人のビール好きなことといったら、よくあれだけの量のビールが飲めるものだと感心してしまいます。喋っては飲み、飲んでは笑い、笑っては飲む……。このオートマタは伝統的な土産物に使われている簡単な仕組みを使っていますが、平行にスライドするバーと人形の腕の部分を連結することで、今までのおもちゃにはなかった新しい動きをするようになりました。

This is a variation of Punch and Judy. I am lucky to have many chances to visit Germany because of work. Germans love beer and I am always impressed by the immense amount of beer they can drink. They talk and drink, they drink and laugh, they laugh and they drink... For this automaton, I have used a simple mechanism which is found in some traditional German souvenirs. But the part where the figures' arms are joined to the parallel sliding bar is a new way of movement that I have not used in other previous works.

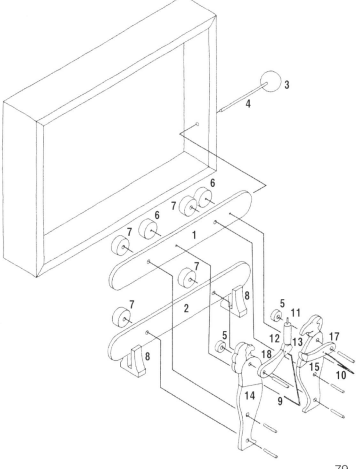

79

早起き鳥 No.2
Early Rising Bird No.2

直線定規とコンパスだけを使ってデザインしました。そのため、この本でご紹介するほかのオートマタに比べて異質な感じがしますが、それはそれでシャープな感じのオートマタに仕上がったと思います。右側のレバーを上げると鳥が虫を食べようとクチバシを向けますが、虫は穴の中にサッサと逃げてしまいます。レバーを下に下げると、鳥はもとの姿勢に戻り、虫も穴から顔を覗かせます。鳥はいつまでたっても虫を食べることができません……。シャープな感じのデザインを心がけるとき、色は暖色よりも寒色を多く使うほうがよく似合うと思います。

Since I used only a ruler and a compass to design this automaton, it looks different from the other automata introduced in this book. I think this is also the reason why it has a sharp and distinct atmosphere. When you lift up the lever on the right, the bird will point its beak to the direction of the worm and intends to eat it, but the worm quickly pulls back into the hole. When you pull down the lever, the bird will return to its original position and the worm will peep out from the hole. Therefore, the bird can never eat the worm... When you want to make a design that gives a sharp and distinct feeling, I think it is more suitable to use cold colors rather than warm colors.

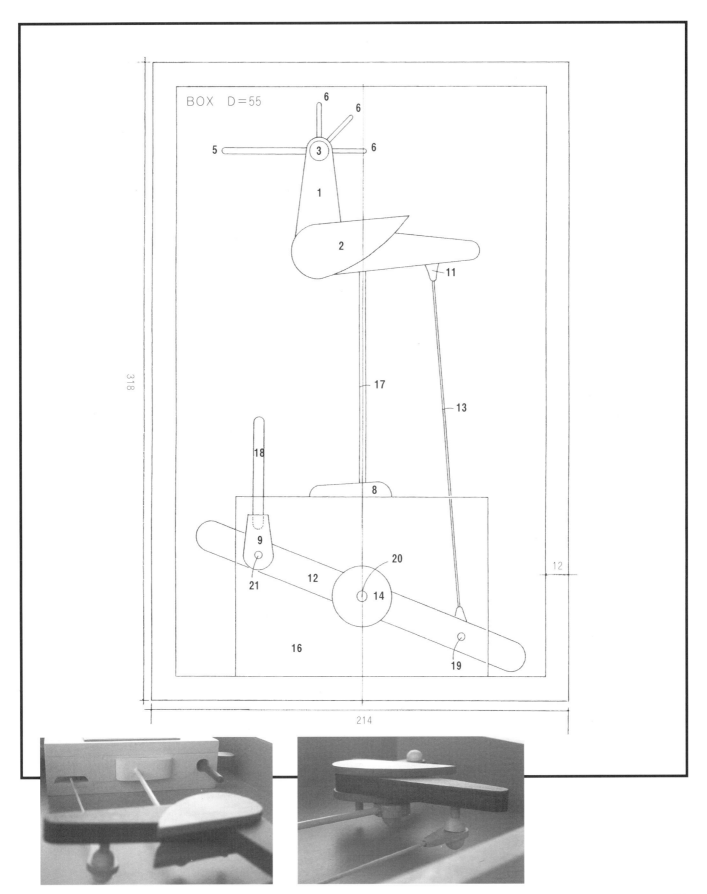

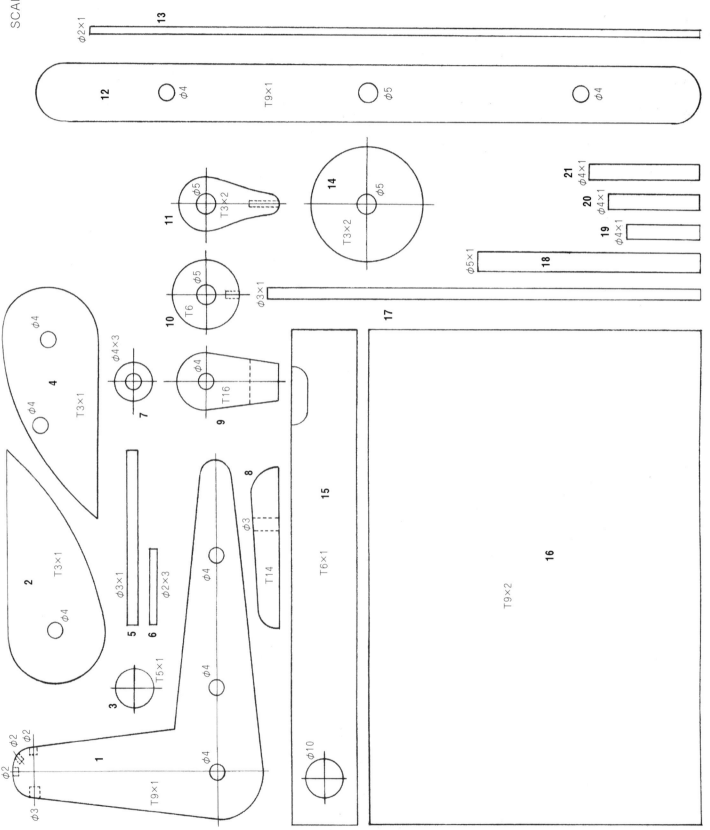

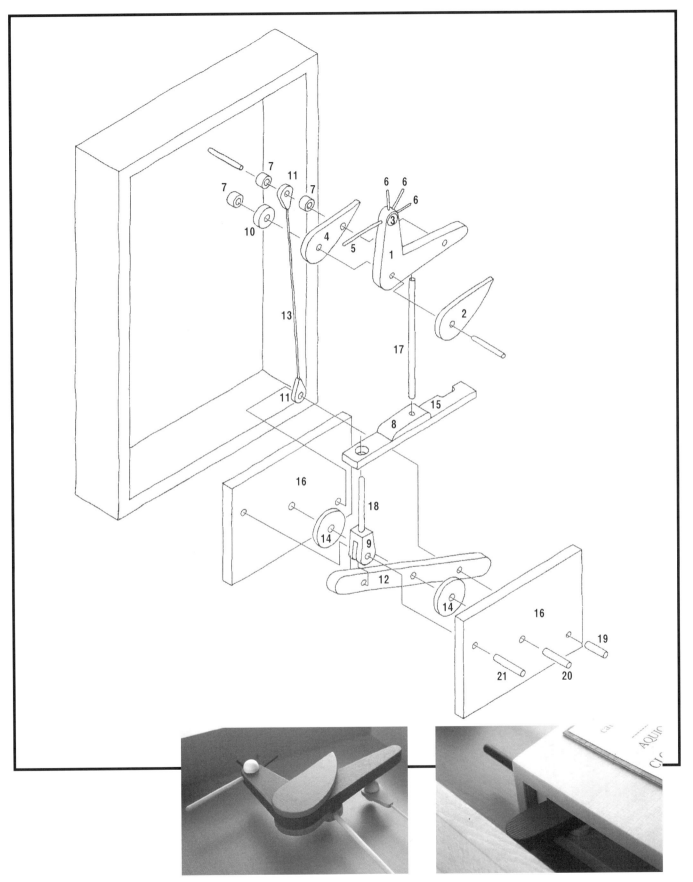

魔女の綱渡り
The Ropewalking Witch

綱渡りシリーズの一つ。脚を忙しく動かしながら魔女が上手に綱渡りをします。アニメ映画「魔女の宅急便」に出てきた女の子の名前は「キキ」。彼女がいつも連れている黒猫の名前は「ジジ」。この魔女の名前は「ババ（婆）」といいます。魔女たちの集会に急ぎ足でお出かけのシーンです。

This is one of the works from the series of ropewalking automata. The witch walks skillfully across the rope with her fast-moving legs. In the Japanese animation 'Kiki's Delivery Service' (Majo no Takyuubin), the name of the girl witch is 'Kiki'. The cat that is always beside her is called 'Gigi'. The name of this witch is 'Baba' (nasty old woman). She is hurrying to a witches' meeting.

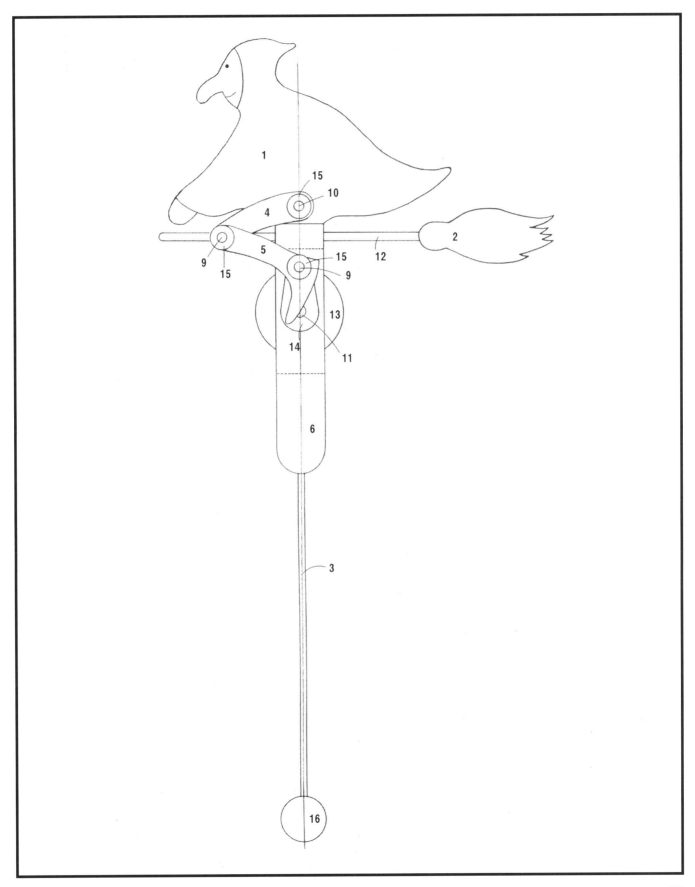

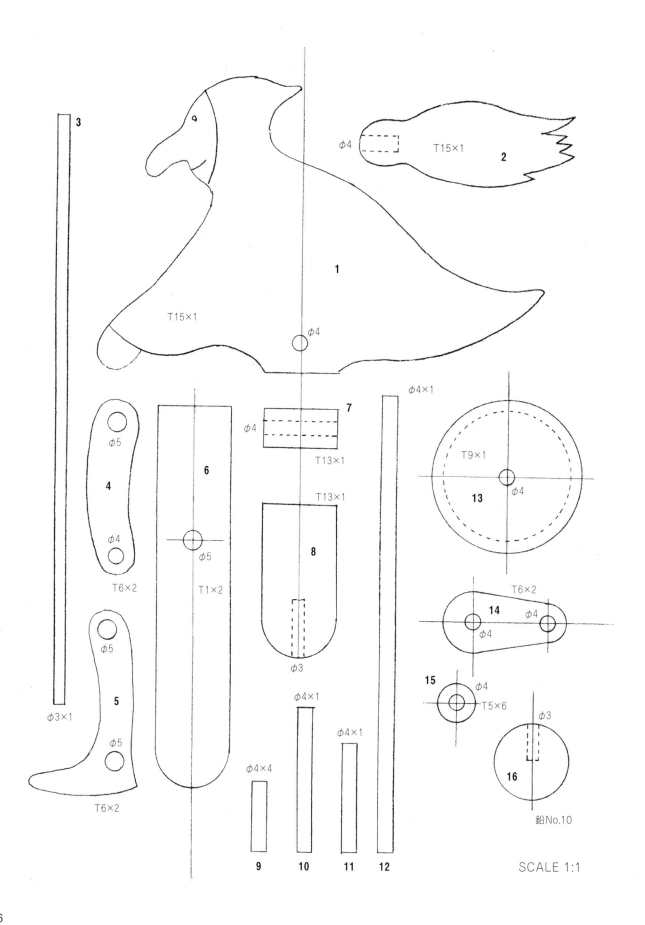

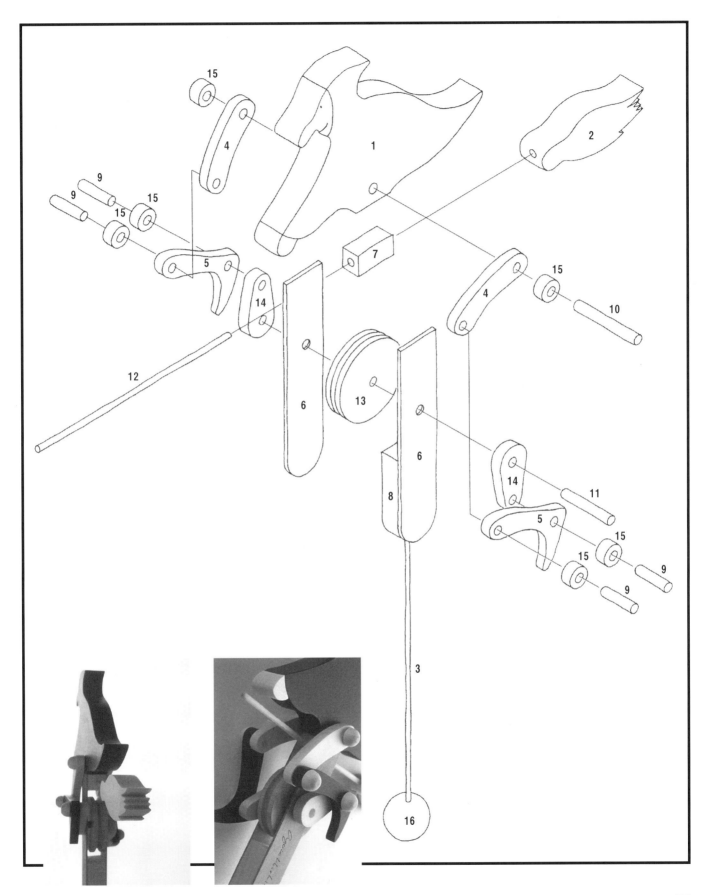

ハウンド・ドッグ No.1
Hound Dog No.1

※23ページ参照

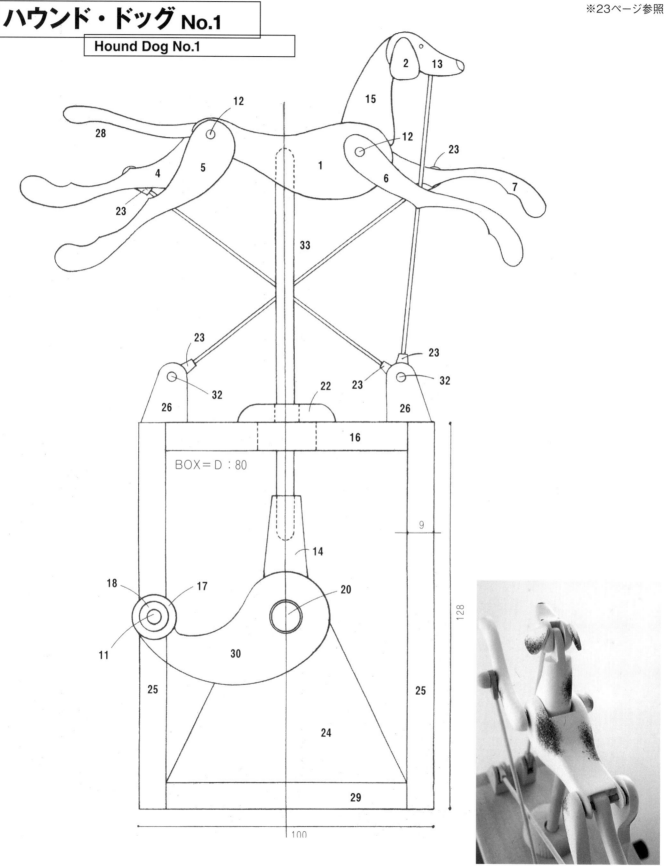

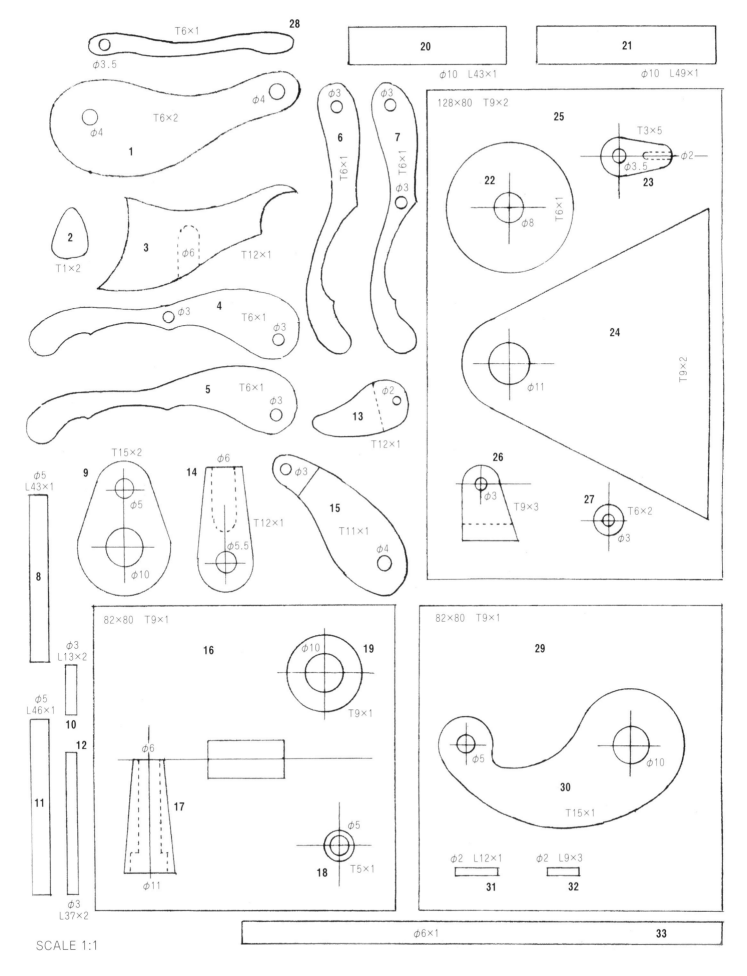

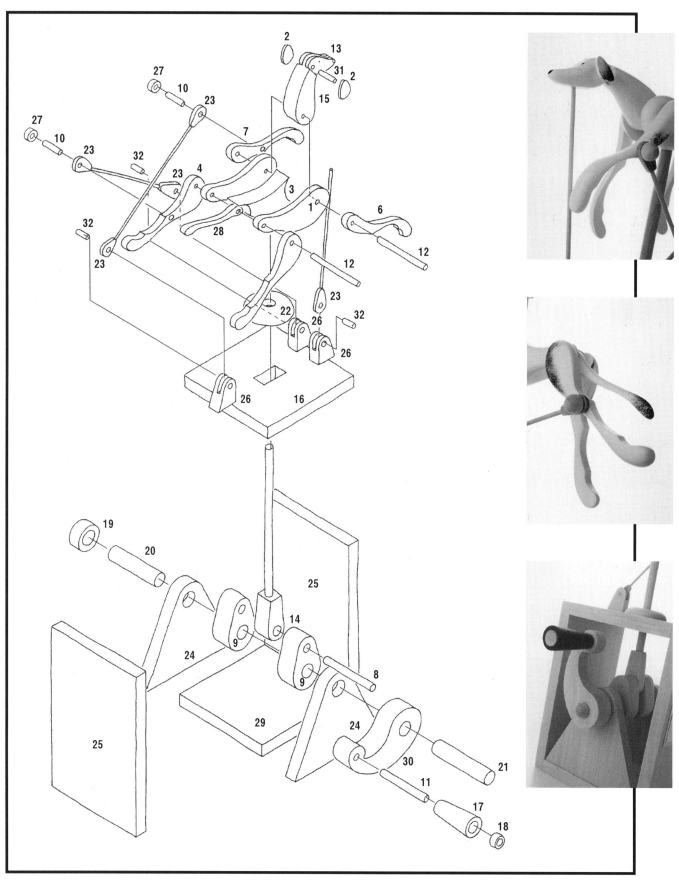

森のパン屋
The Bakery in the Forest

※21ページ参照

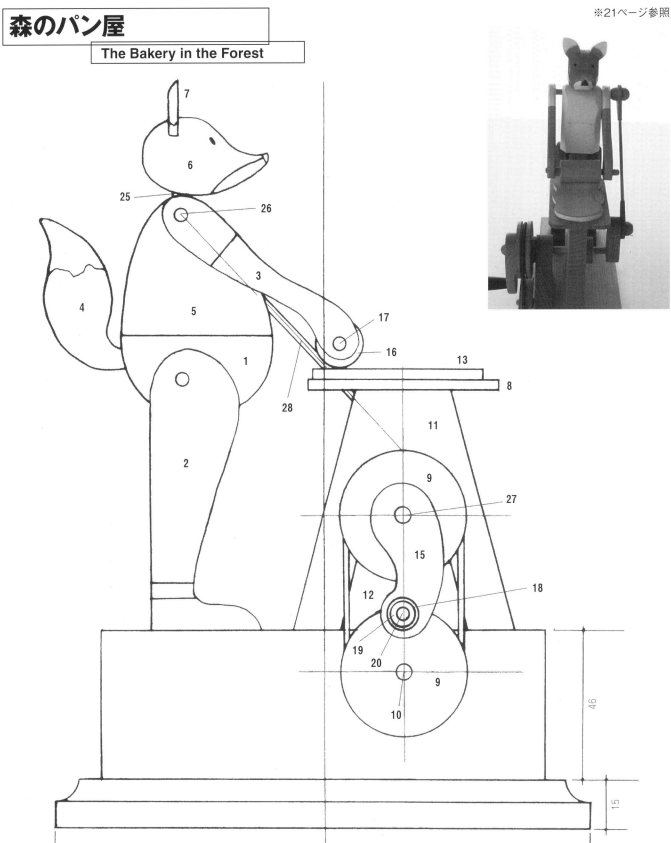

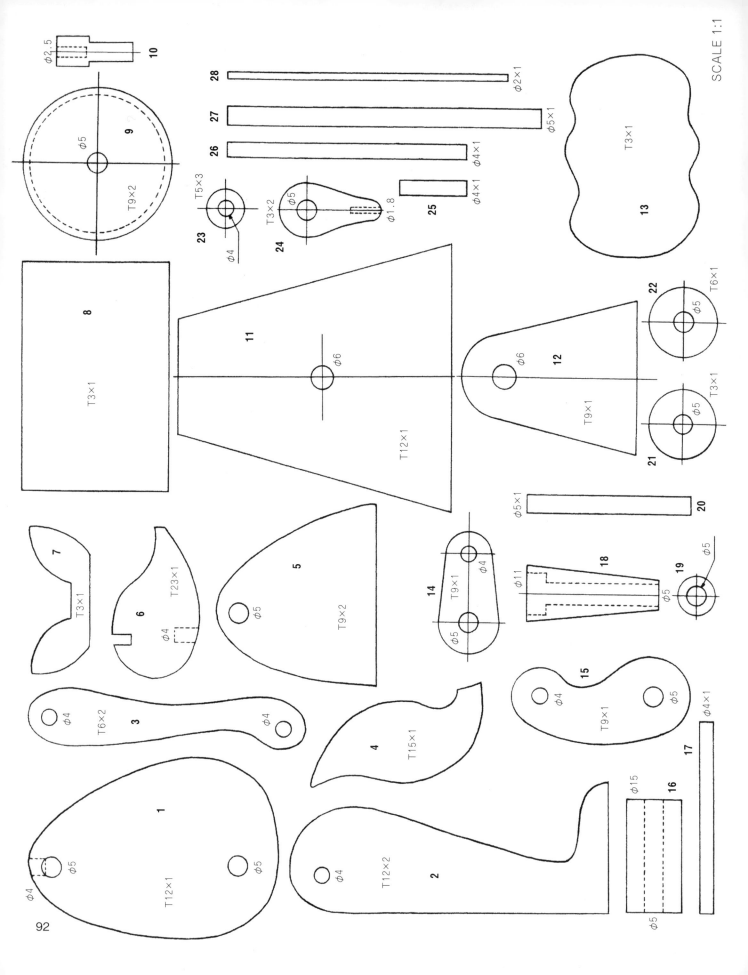

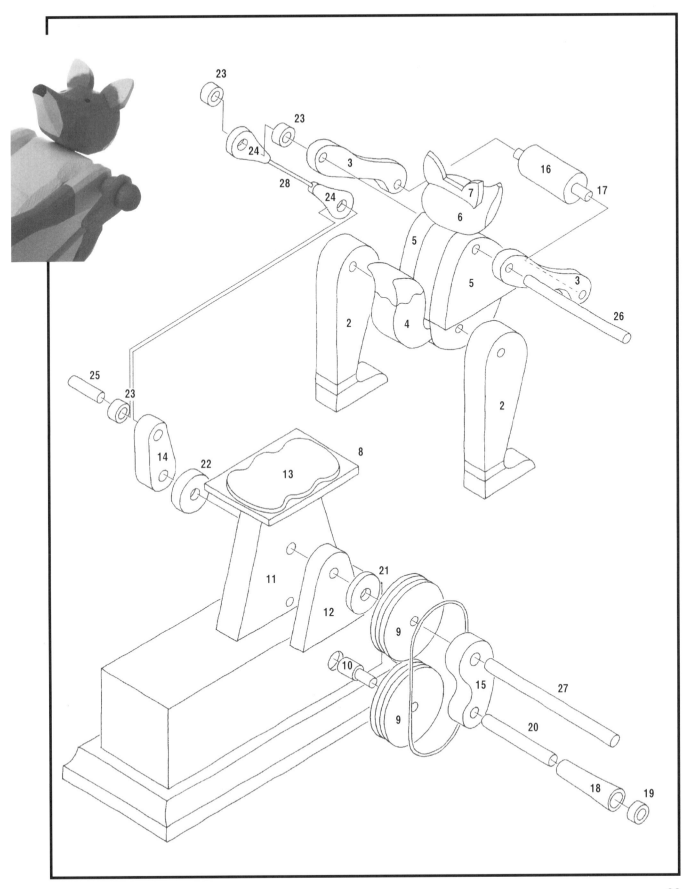

パタパタ・キューピッド
Pitter-patter Cupid

※25ページ参照

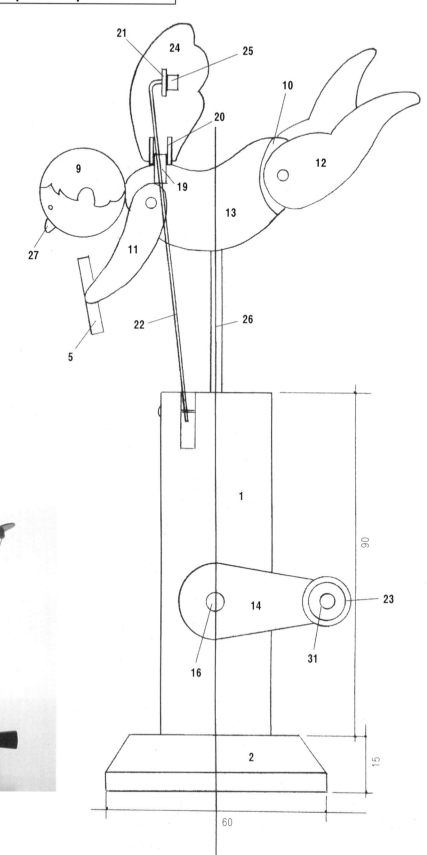

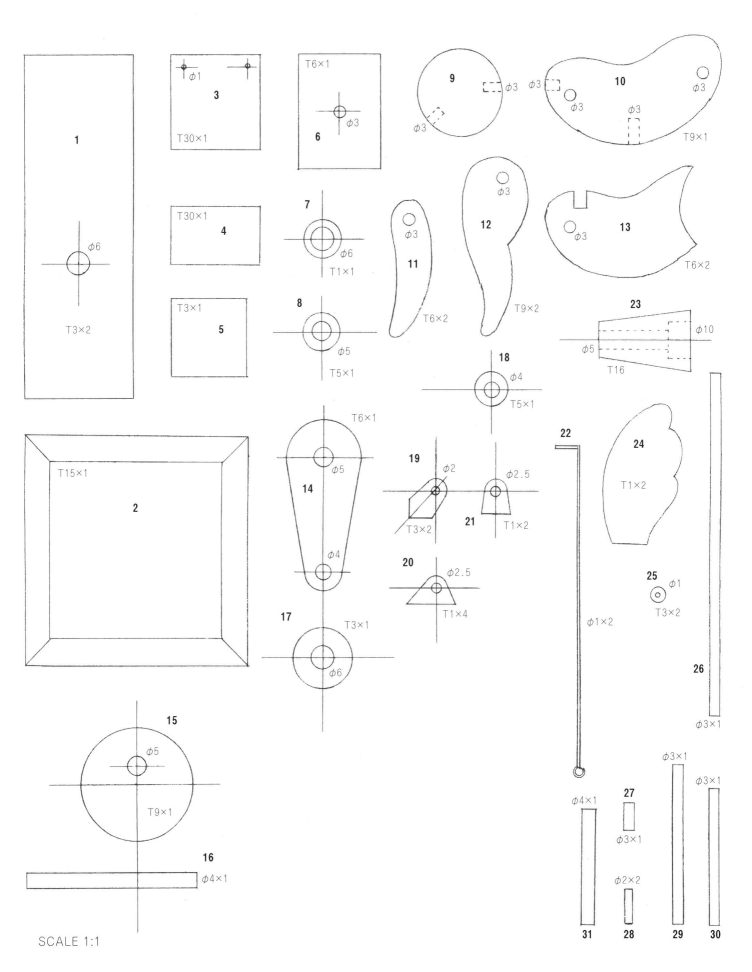

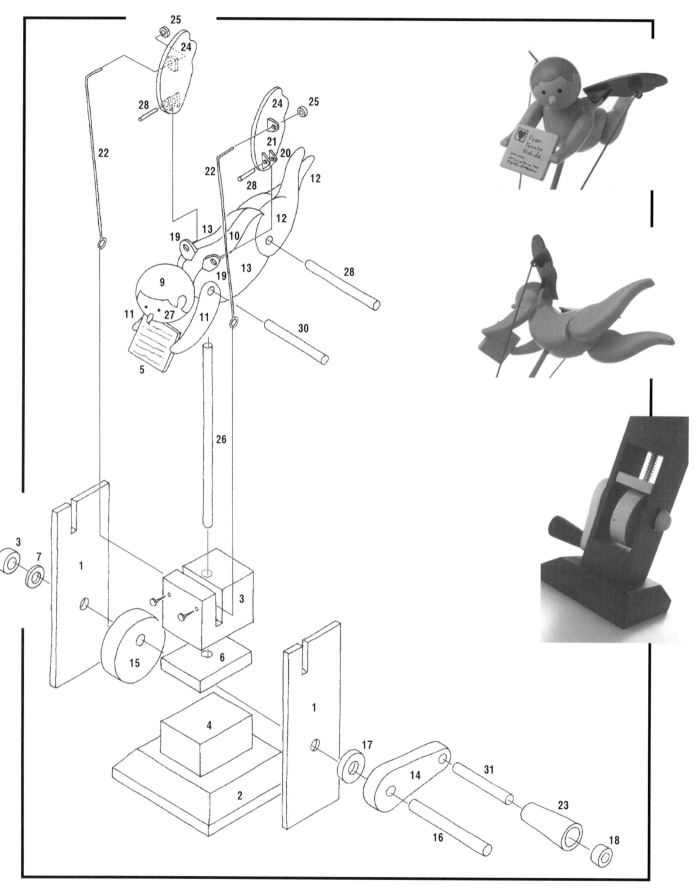

WALKY DUCK No.1

※24ページ参照

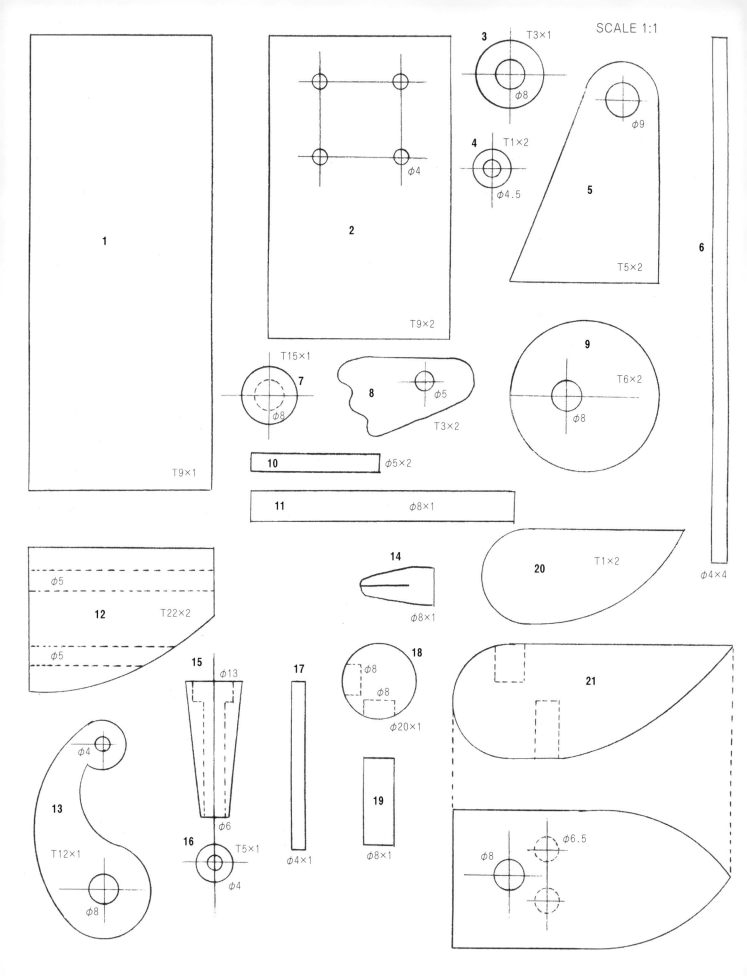

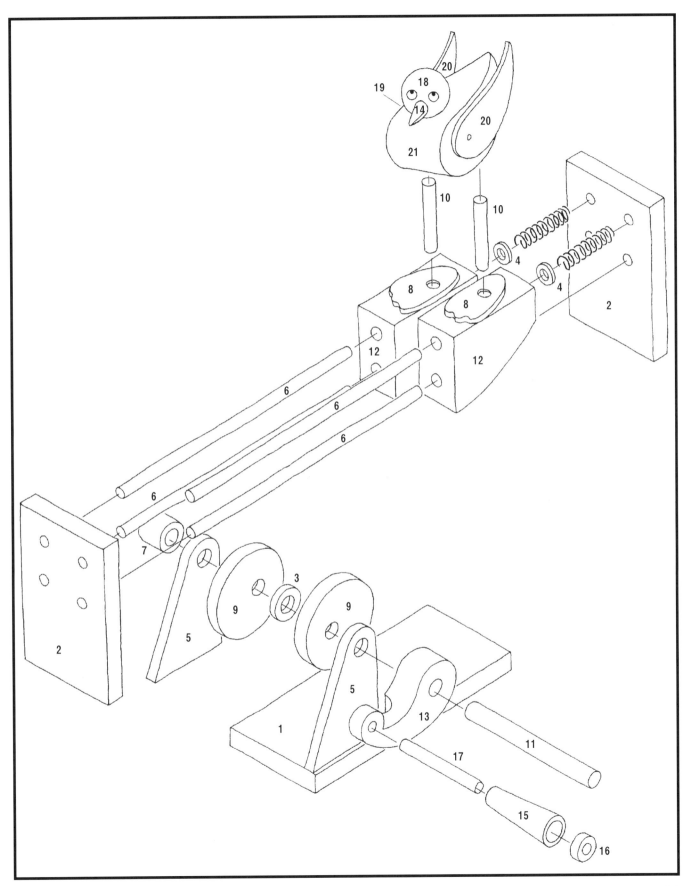

WALKY PENGUIN No.3

※27ページ参照

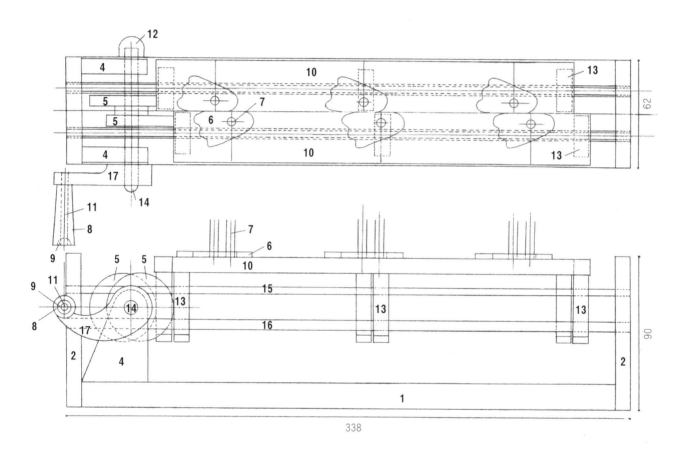

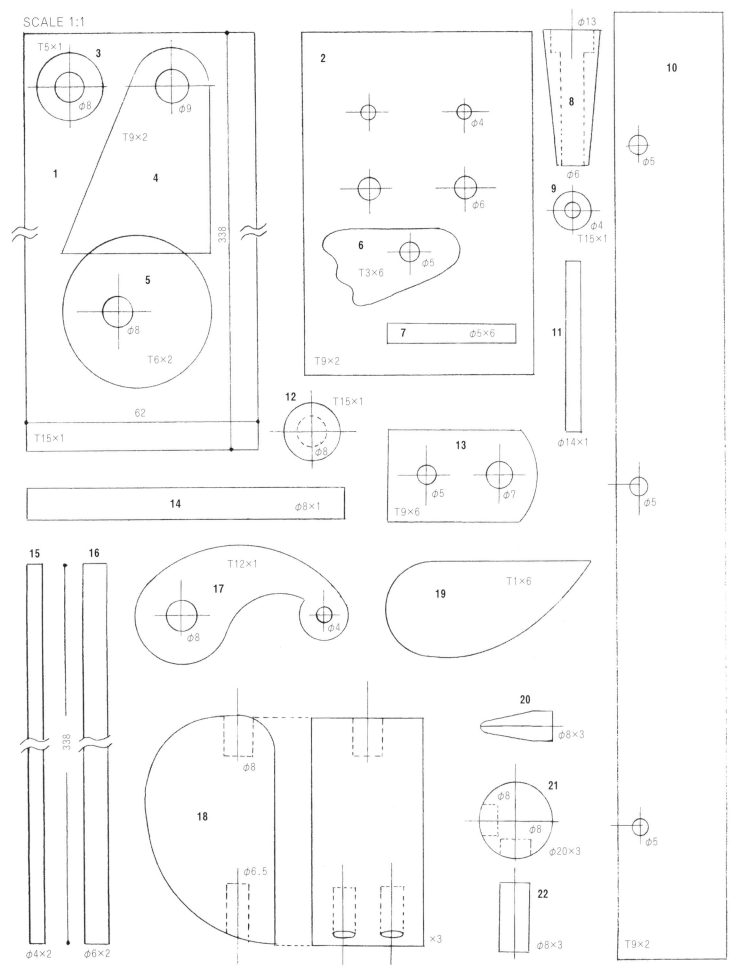

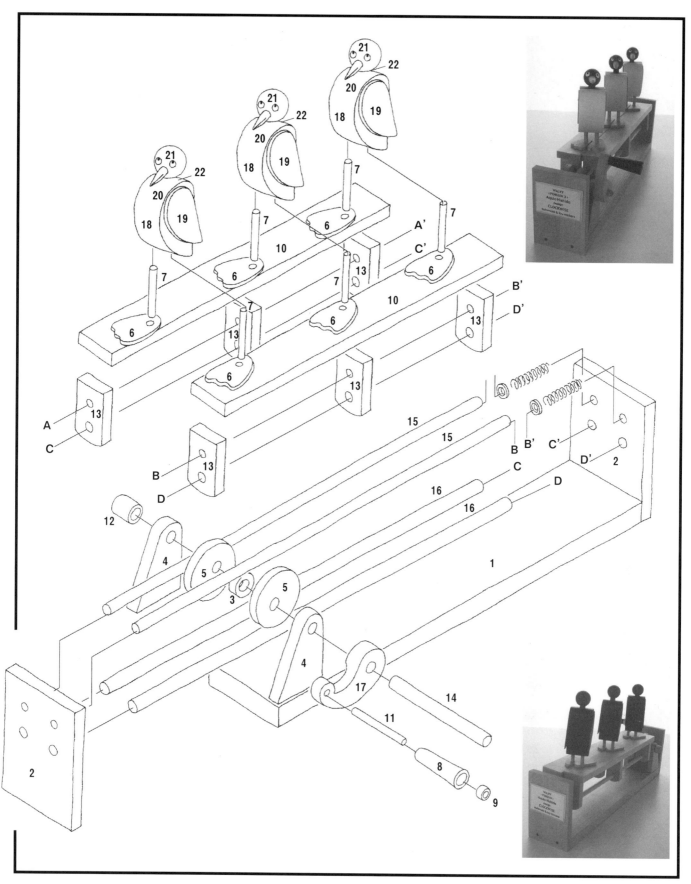

セイラーマン
Sailorman

※33ページ参照

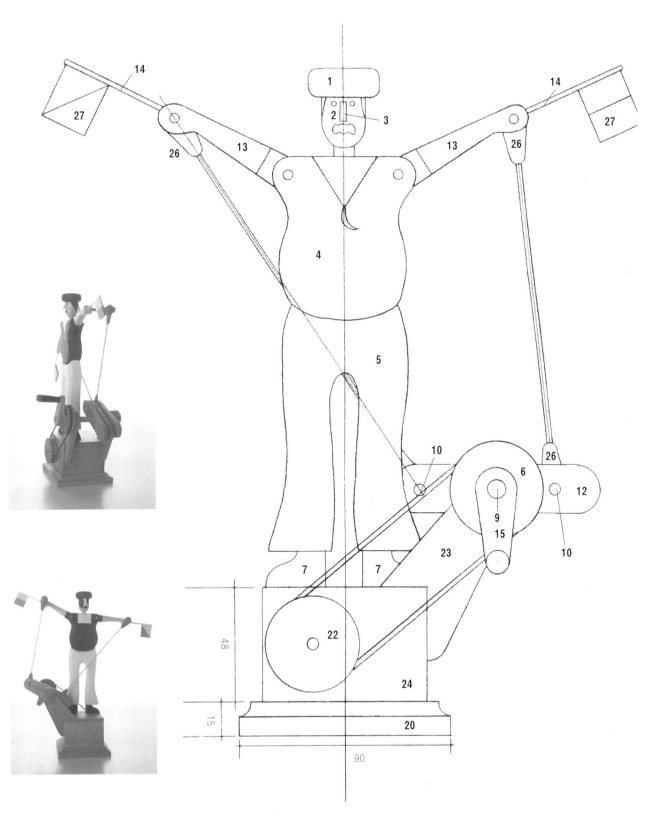

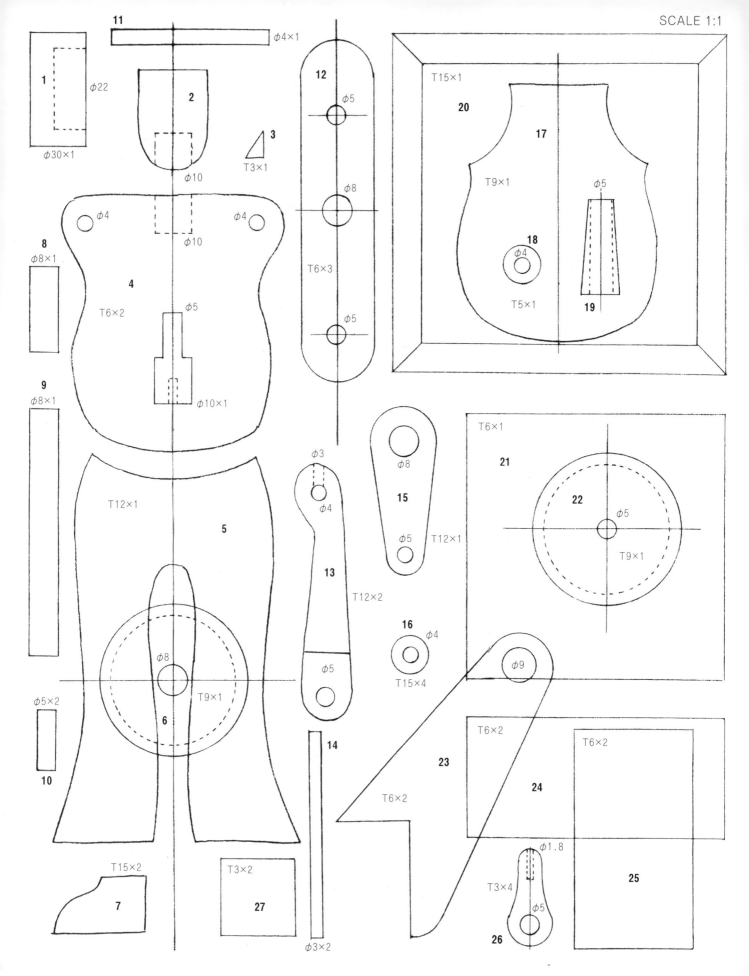

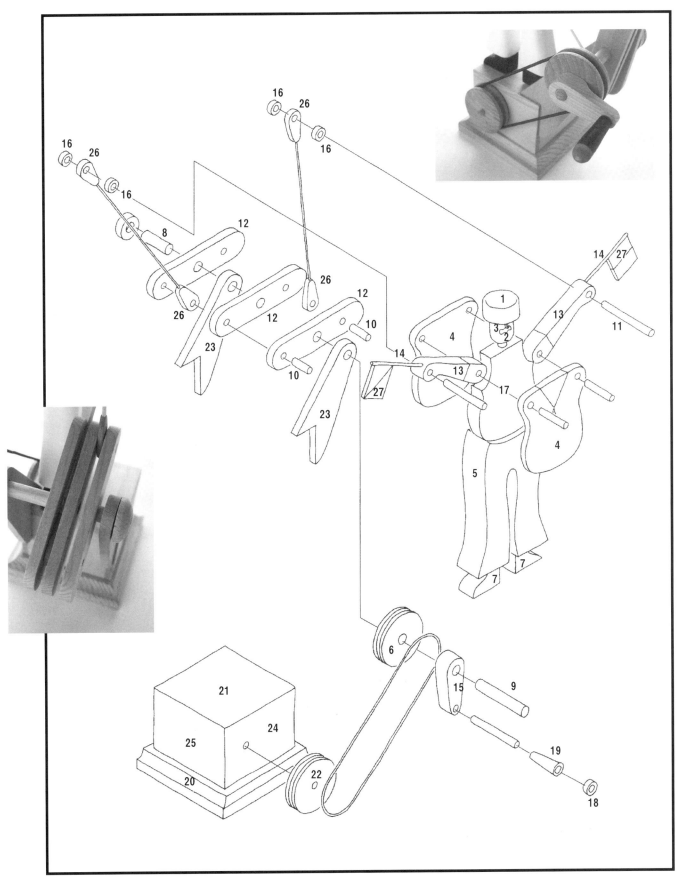

牛の引き車
Cow Pull Toy

※26ページ参照

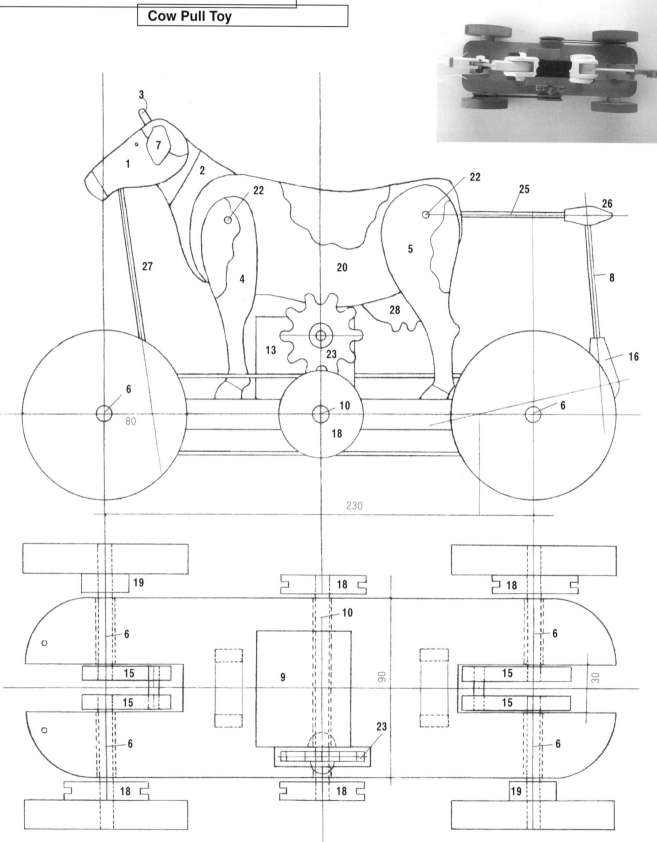

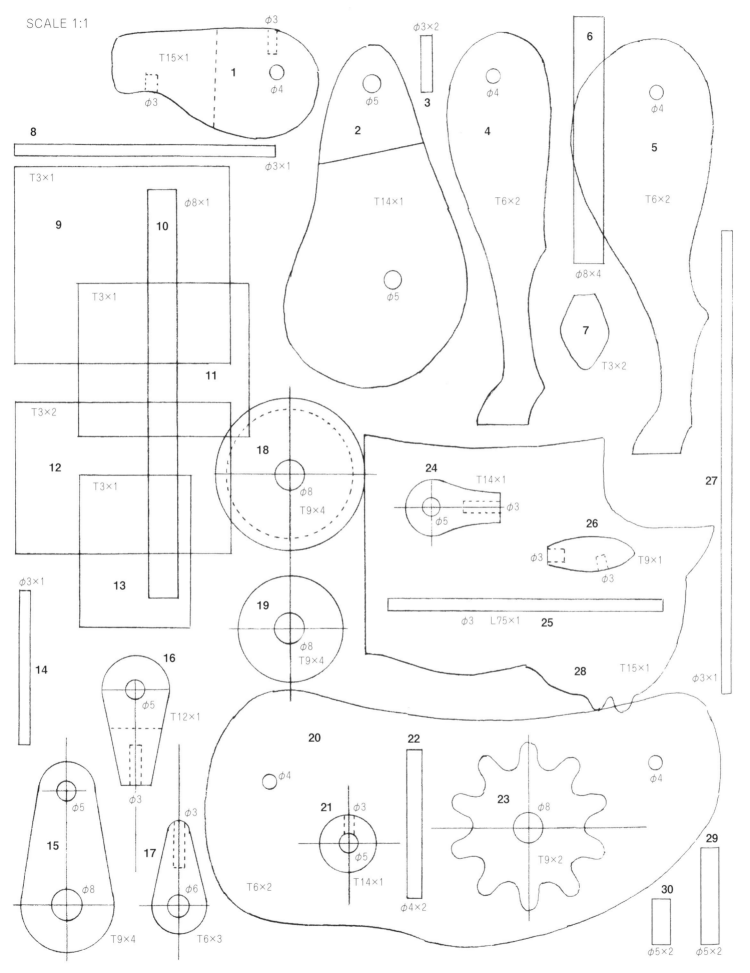

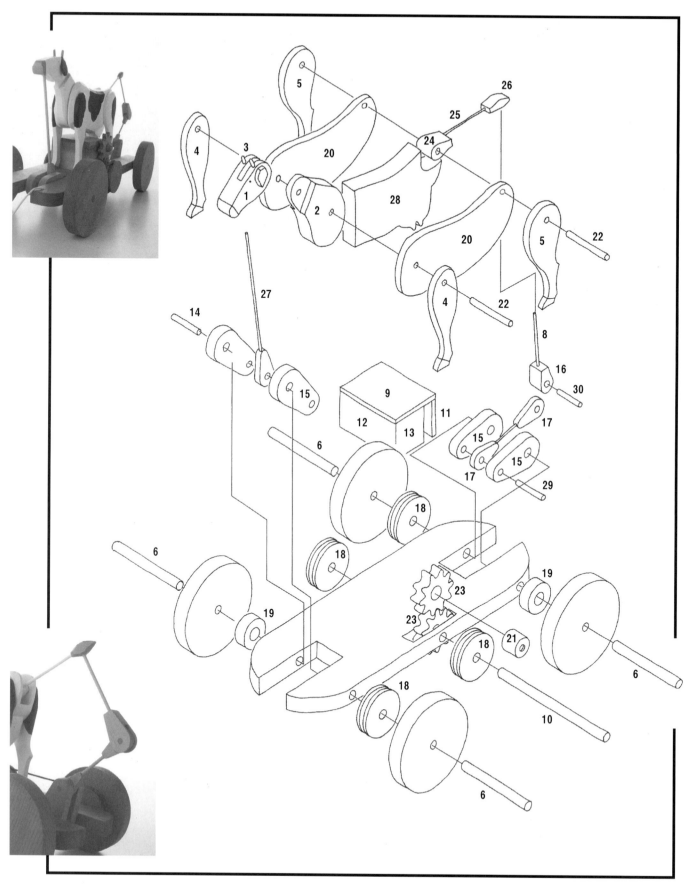

朝の水くみ
Water Pumping in the Morning

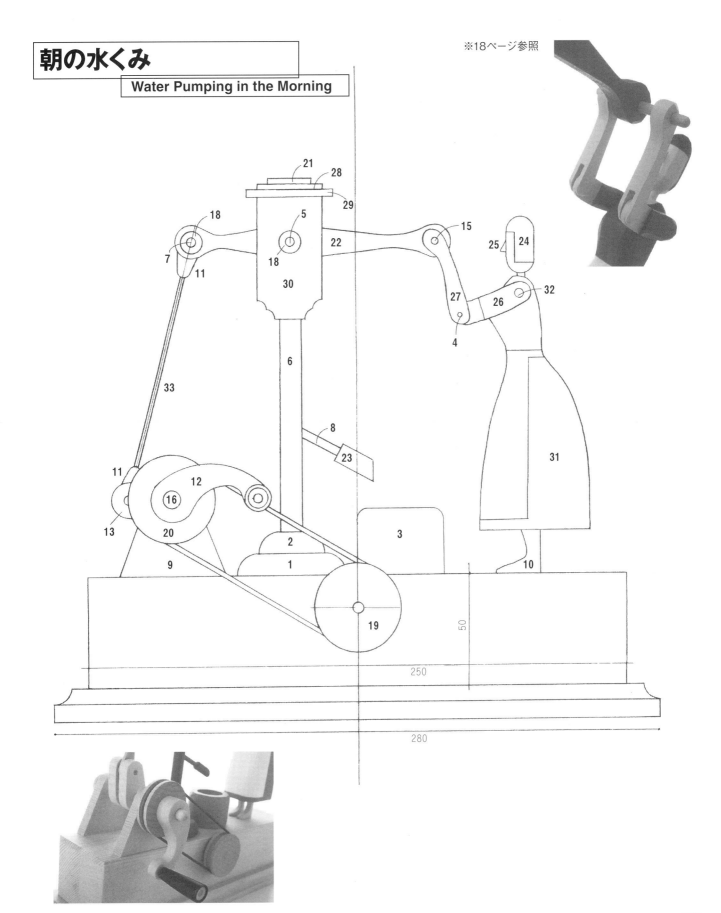

※18ページ参照

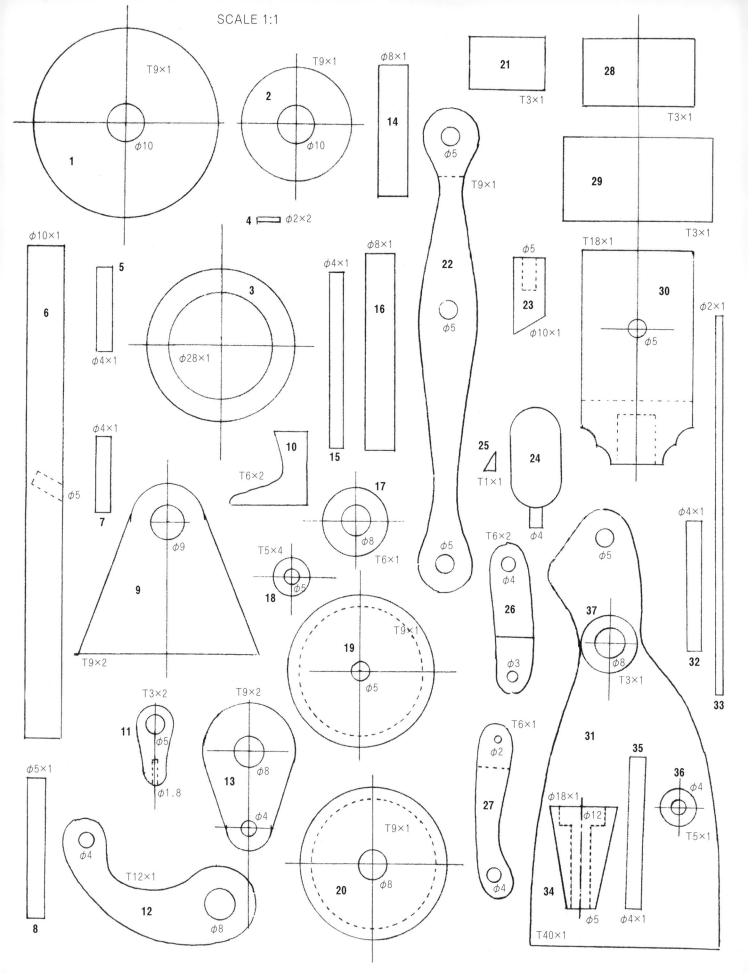

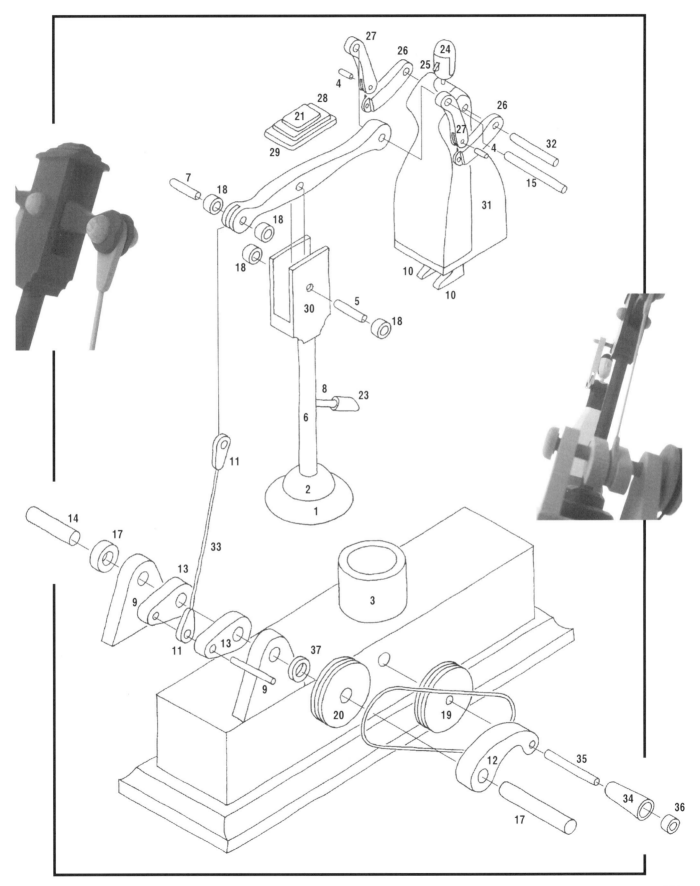

朝のあいさつ
Morning Greetings

オートマタに「早起き鳥」とか「朝の水くみ」とかの名前が出てくるように、「朝」「早い」という単語が大好きです。英語の early という単語にもひかれます。early morning、early summer ……。ニワトリが忙しく餌をついばむ姿をオートマタにしてみました。

Like what appears in the names of 'Early Rising Bird' and 'Water Pumping in the Morning', I like the words of 'asa' (morning) and 'hayai' (early) very much. I am also like the English word 'early' too. Early morning, early summer... I express the scene of hens busily pecking food with this automaton.

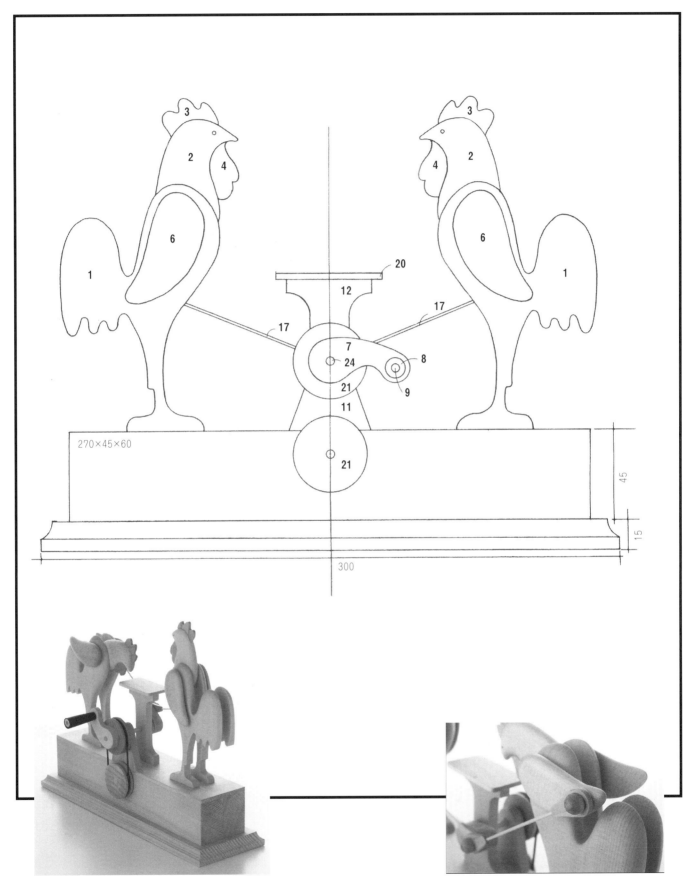

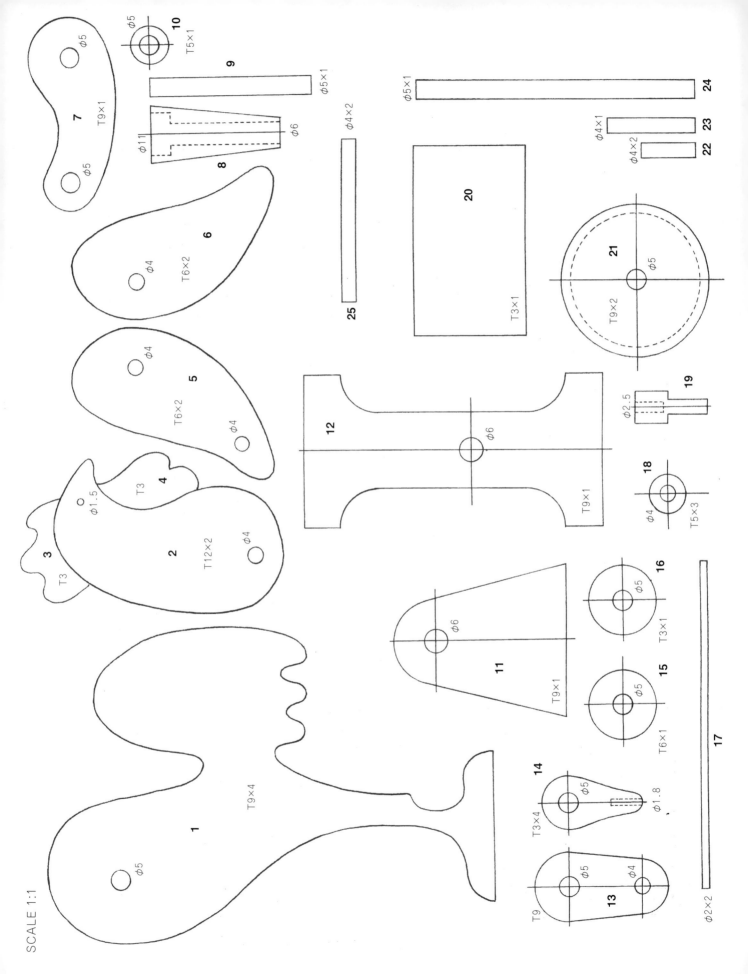

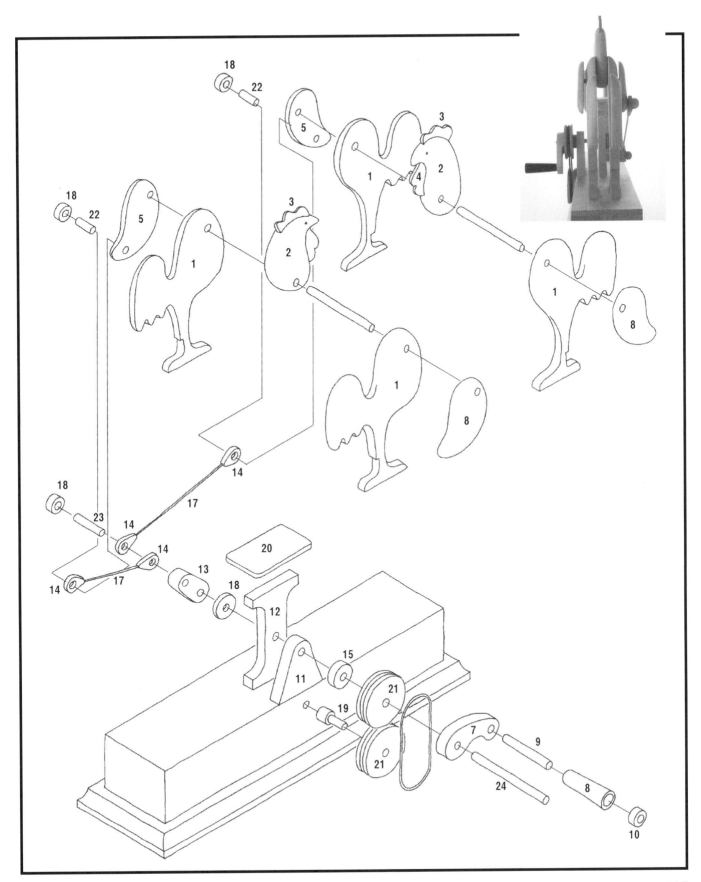

STRONG NOSE

※35ページ参照

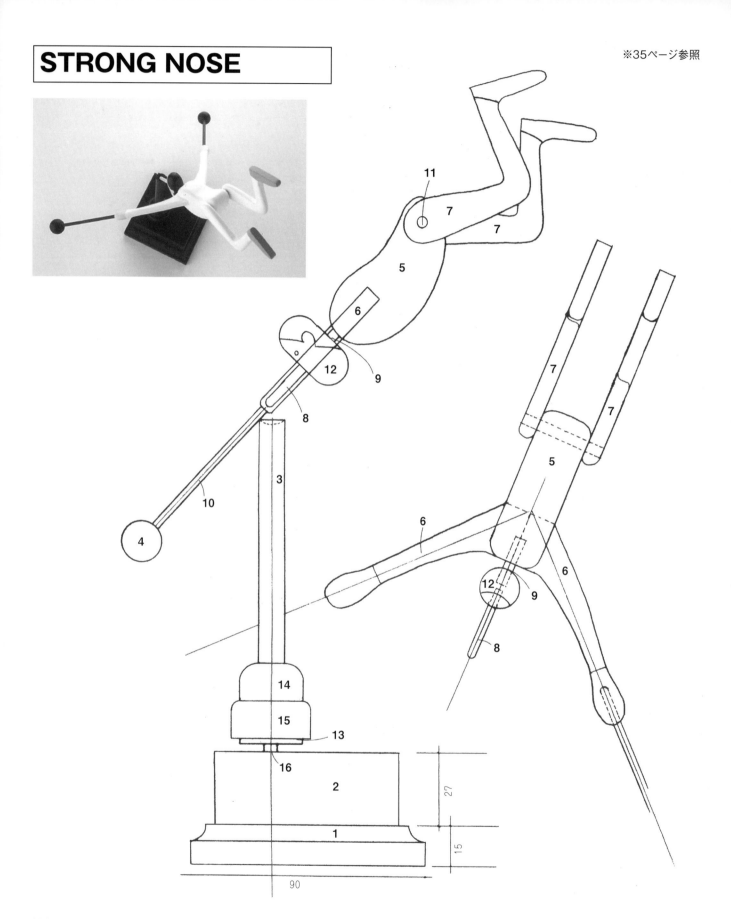

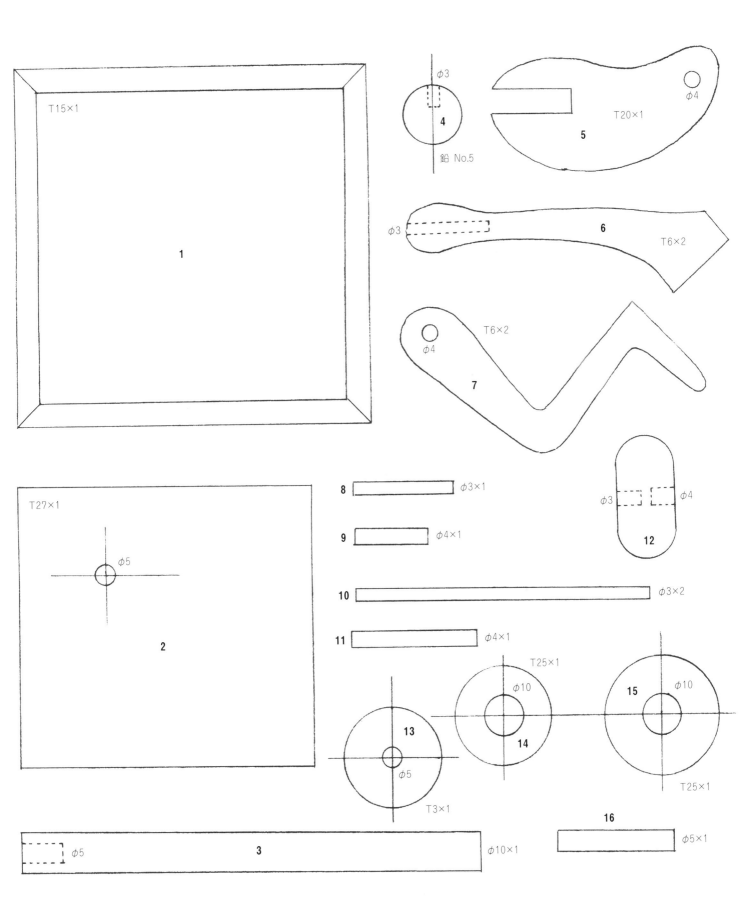

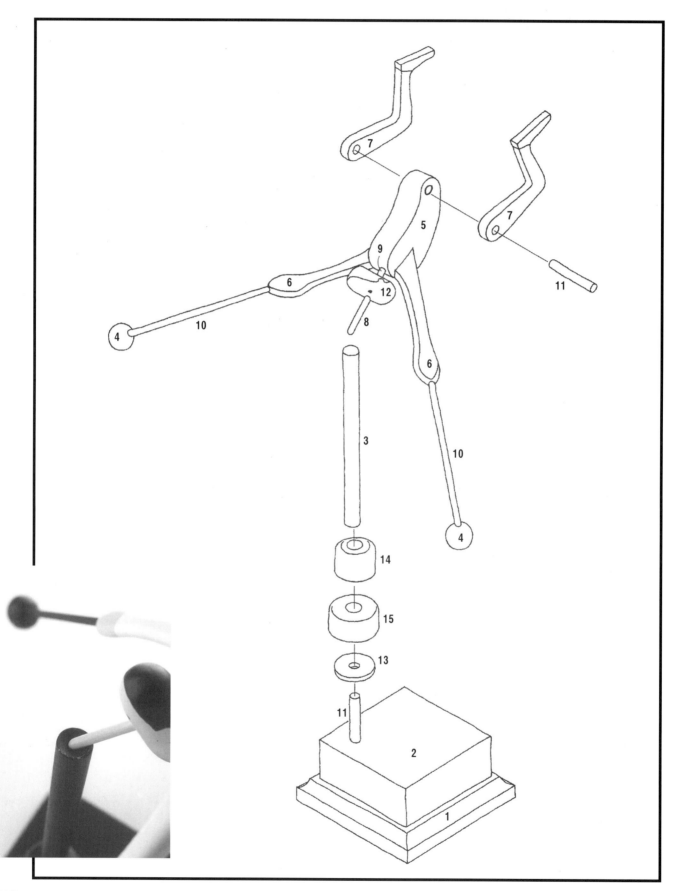

ラングラウフ
Langlauf

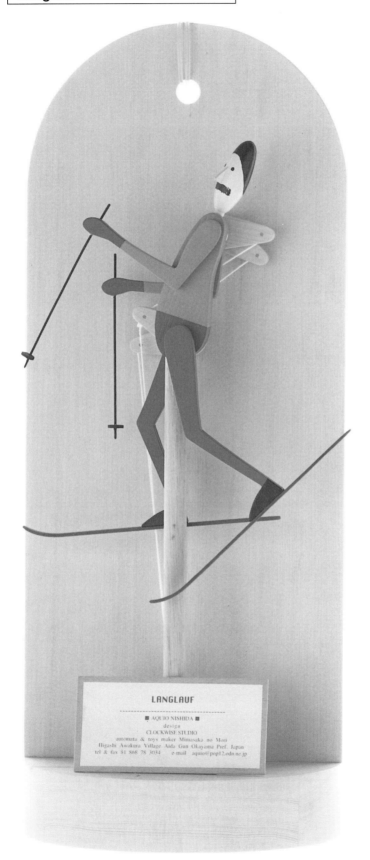

ラングラウフはドイツ語で「長距離のスキーレース」という意味。レースに参加していることなどはどこ吹く風。悠々とマイペースを保ちながらスキーを滑らせていきます。先頭の参加者はもうとっくにゴールを切っているかもしれません。苦しかった上り坂もとっくに過ぎ、眼の前にはなだらかな下り坂が広がっている……。もう忙しく脚を動かす必要もなく、あとは周りの風景を楽しみながら滑っていくだけ。息がきれる急な上り坂、思わぬアクシデントによる転倒、急なカーブ……。ラングラウフはどこか人生に似ているのかも知れません。昔は名スキーヤーとして知られた彼も、今では50歳の半ば。彼にとってはもう勝ち負けはどうでもいいのです。競争に参加しながらも競争に参加せず、時々水筒に入れたウイスキーをチビチビと飲りながら、飄々とスキーの板を滑らせていきます。2本の紐を交互に引っ張ると、両手、両脚を交互に動かします。

Langlauf is a German word which means ski race. Even though the other contestants have probably reached the goal already, this figure pays no attention to the ski race and just ski along calmly. He has finished struggling uphill and now in front of him is the smooth downhill slope... He does not need to move his legs busily anymore. What is left for him to do is to enjoy the scenery as he skis down slope. The harsh and steep uphill slope, accidents that you do not expect, sudden sharp curves... Probably, life is just like Langlauf. He, who was known as a famous skier many years ago, is over his fifties already. To him, win or lose is no longer important. He is participating in a ski race, but he does not consider himself as a contestant. He just drinks his bottle of whisky little by little as he skis along in his own pace. When you pull the two strings one after the other, the two hands and the two legs will move one after the other.

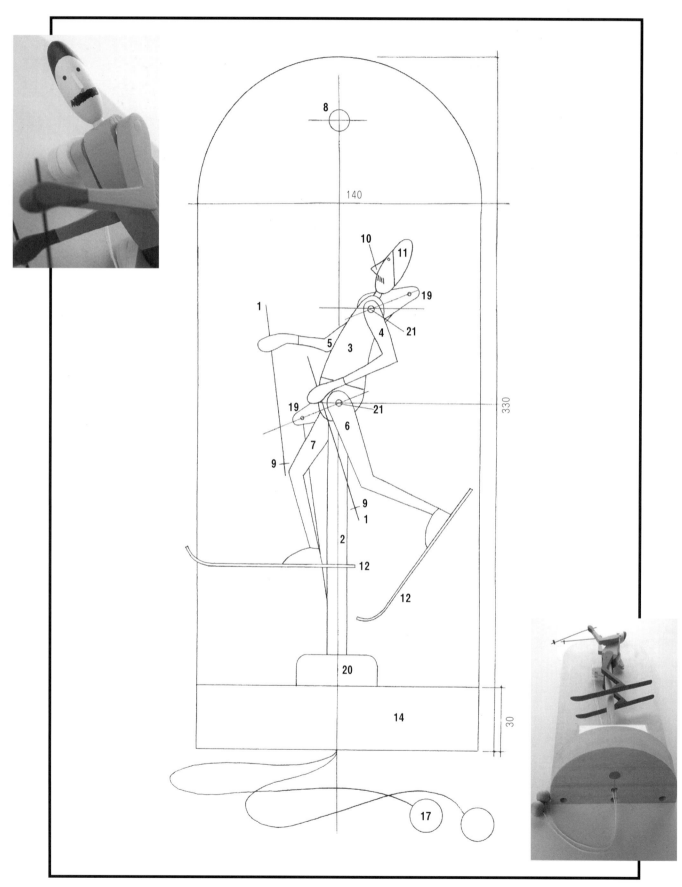

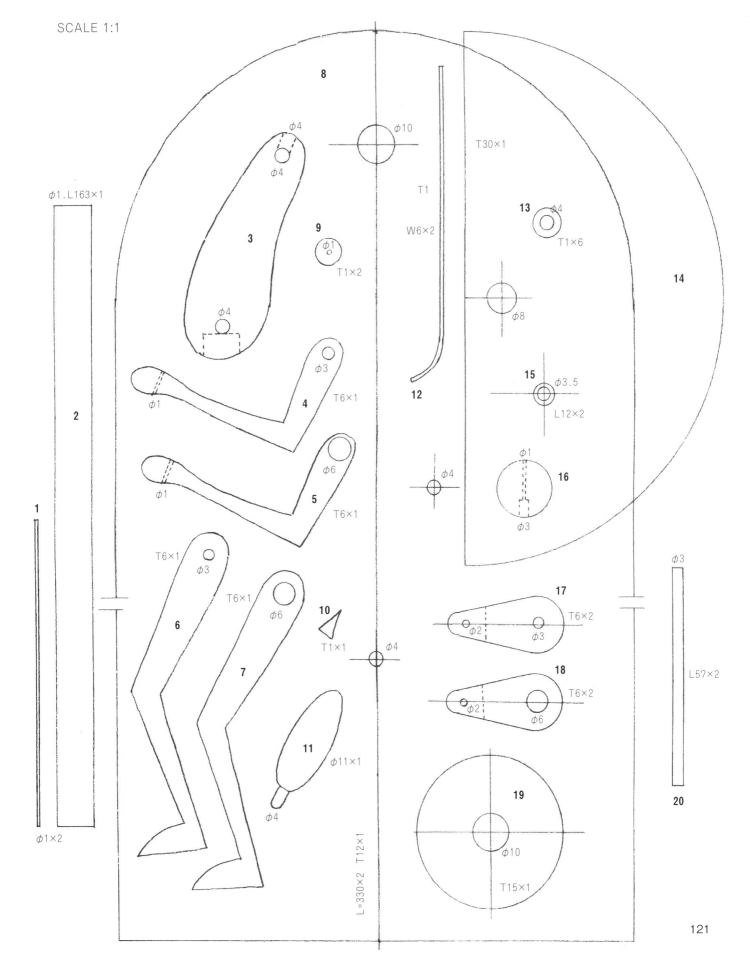

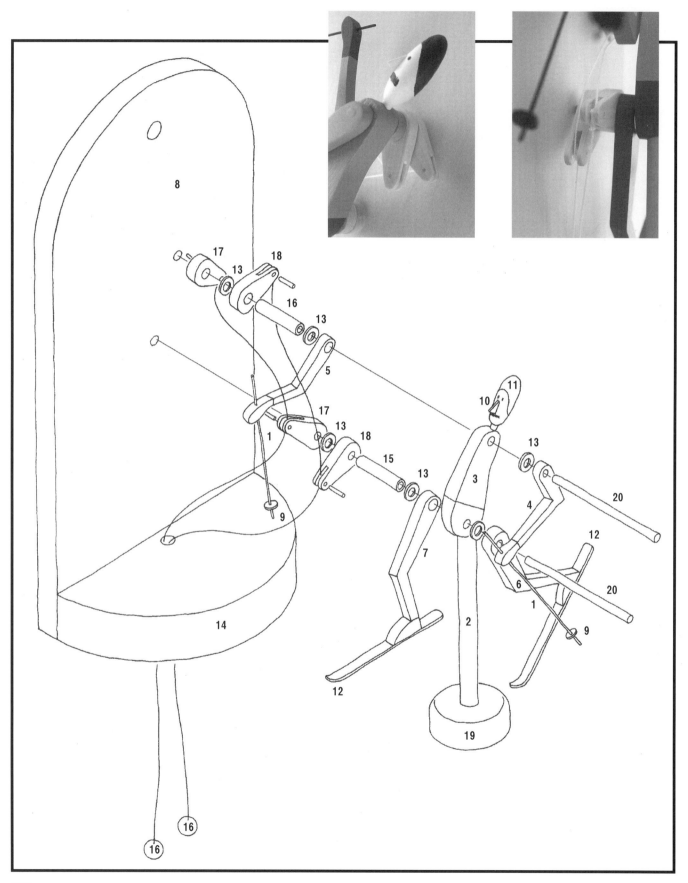

AUTOMATA GALLERY

ペンギンの親子
Parent and Child series 'Penguin'

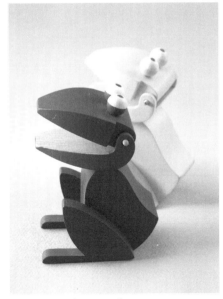

カエル・プロトタイプ　Frog Prototype

鴨の親子　Parent and Child series 'Duck'

WEB SPIDER

極楽鳥　A Bird of Paradise

オルゴールの組み込み方
How to place a music box

　この本でご紹介しているオートマタには、オルゴールを組み込んで、ハンドルを回せばメロディーに合わせてキャラクターが動く仕掛けのものがいくつかあります。しかしオルゴール本体を単品で入手するのはなかなか難しく、これまでオルゴールについては触れないできました。音が出なくても、動きだけで十分に楽しめるのがオートマタの魅力の一つだと考えたからでもあります。
　でも中には、「ぜひオルゴールを組み込んでみたい」という読者もいるのではないかと思います。そこで製作実例の最後に、オルゴールの組み込み方をご説明したいと思います。

　私が使っているオルゴールは、サンキョーというメーカーのものですから、そのサイズに合わせて解説することにします。もしほかのメーカーのものを使う場合でも、基本となる考え方は同じです。
　実際に作業を始めると、準備段階でパーツづくりと酷似する場面も多いことがわかると思います。チャレンジ精神の旺盛な方は、ぜひ取り組んでみてください。

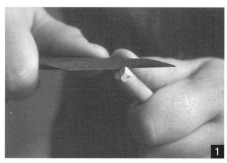  

❶まず最初にφ8mmの丸棒を用意し、一方の先端を小刀で丸めるように面取りします。
❷ある程度面取りしておおよその形に成形できたら、最初に♯240のサンドペーパーを当てて先端を仕上げます。どこにもゴツゴツ感がでないよう、丁寧に作業を進めてください。
❸先端をきれいに丸めたら、中心にφ8mmの穴を開けてある円盤（この作り方は、「パーツの作り方と考え方」／32頁でご説明しました）に差し込みます。ちょうど丸みの部分が飛び出す程度がいいでしょう。そのあと、丸棒のもう一方の端を約10mmのところで切り落とします。台の上などでしっかりと円盤を固定して切り落とします。もし水平に切り落とせなかった場合は、サンドペーパーなどで修整していきます。これで動きを伝達する部品が完成したことになります。すでにパーツづくりを体験された読者の方でしたら、ここまでの作業はあっという間に終了すると思います。

  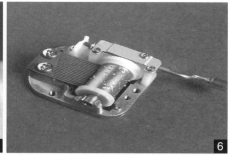

❹「パーツの作り方と考え方」でも登場した治具を用意し、先程作った円盤の丸棒に中心点を墨付けします。くれぐれも丸めた木口に墨付けしないようにしてください、当たり前ですが……。
❺次に丸棒の中心に穴をあける工程に移るわけですが、ここでちょっとした治具を用意します。それは中心に穴を開けた木のブロックです。賢明な読者の方でしたら、この治具の意味はおわかりだろうと思います。そう、この上に円盤を載せるのです。治具がないと、円盤は安定しません。木のブロック上に円盤を載せたら、しっかりと押さえて穴を開けます。この穴の直径は、使用するオルゴールのハンドルの直径より、少しだけ小さめにします。垂直に開くように慎重に作業を進めます。
❻オルゴールを用意します。もしオルゴール単体が入手できないようであれば、現代玩具博物館（メールアドレス mailbox@toymuseum-okayama.jp）に御連絡ください。お分けすることも可能です。

❼写真のように、オルゴールのハンドルの、90度に曲がった部分から切断します。
❽切断面はかなり鋭利ですので、かならずヤスリでバリを取り、きれいに成形しておきます。
❾ここで写真のような治具を用意します。作り方はいたって簡単です。下の図面を参考に自作してみてください。ただしこの治具、特定の種類のオルゴールにしか使えません。メーカの異なるオルゴールを用いる場合は、もう一つ治具を作っておく必要があります。治具の材質はなんでも構いません。

❿厚さ15mmのオルゴール台を用意します。この厚さは、私がふだん使っているオルゴールと、作っているおもちゃのサイズから割り出した寸法のため、すべてに共通するというわけではありません。ちなみに治具に開けてある小さな穴は、直径はオルゴールのハンドルの直径より少し大きめ、位置は、オルゴールをオルゴール台の上に載せてハンドルを一番上に持ってきて、ちょうど治具に当たる箇所です。

⓫オルゴールをオルゴール台に載せ、その台を治具にぴったりと押し付けます。このときハンドルが穴に垂直に入っているかを必ず確認しましょう。
⓬垂直に入っていることを確認したら、オルゴールを台に固定します。このとき余分な力でオルゴールが動いてしまうことがありますから、慎重に固定していきます。

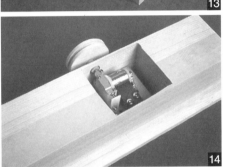

⓭オルゴールの固定が終了したら治具を外し、先に作っておいた円盤をハンドルに差し込んでみます。円盤の丸棒に開けた穴はきつめですか？
⓮いったん円盤をオルゴールから外し、オルゴールをおもちゃの台座に組み込んでみます。上手に入ったら、再び円盤を差し込んで完成です。円盤が真っすぐに入っていないと、回転が歪みます。実際に回してみて確認します。オルゴールのネジを巻くことで動力が発生し、それが円盤を通じて各パーツに伝達され、自動的におもちゃが動く仕組みになります。あるいはハンドルを回すことで動力を伝えることができるわけです。

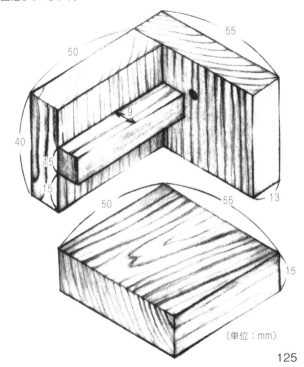

（単位：mm）

オートマタの小さな歴史
A Little History of Automata

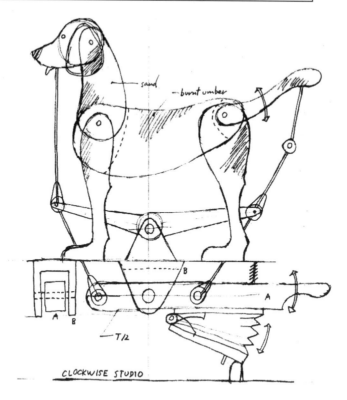

　「指南」という言葉があります。教え導くという意味に使われますが、そもそも指南という言葉はからくり・動く仕組みからでた言葉なのです。約1800年前の中国、当時の日本は例の卑弥呼がいた時代ですが、その時代の中国に「指南車」という車が存在しました。その車の上には片手を挙げて方向を指し示す、仙人をかたどった人形が置かれていました。牛がその車を引っ張っていくのですが、車が右を向いても左を向いても、後ろを向いても、とにかく仙人の人形は必ず南を向くように作られていたのです。こう書くと磁石を利用した仕組みだと思われがちですが、実は、現在の自動車の後車輪を駆動させる「デファレンシャル・ギア」にとてもよく似た機構だったのです。

　また、当時の中国には「記里鼓車」という車も存在しました。記里鼓車が1里進むと人形が太鼓を鳴らし、10里進むと鐘を叩く..という仕組みで、指南車の人形の向きと、記里鼓車の鐘や太鼓の音を記録することで、移動した距離や現在地が解るという機構でした。1800年前のナビゲーション・システムとも言えます。

　「ラスト・エンペラー」という映画で、幼い「薄儀」が皇帝の座につくというシーンがありましたが、あの紫禁城の椅子は南を向いて据えられていました。中国には「天子は南面し、臣下は北面する」という思想があります。つまり、正しい方向は「南」であり、「指南」には常に正しい方向を指し示すという意味があるのです。日本の平安京も南向きに設計がなされていました。南を向いて右側が右京、左側が左京とよばれるのはこのためです。現代の地図は北を上にして描かれているため、地図上では、右側が左京区、左側が右京区と左右反対になっているのはこういった理由によります。

　一方ヨーロッパでは、あのガリレオが振り子の等時性を発見し、オランダのホイヘンスがその原理を利用して振り子時計を発明します。ヨーロッパの町や村を訪れると、必ずと言っていいほどその中心地には教会が建てられています。また、それらの教会には大きな時計やオートマタが組み込まれた時計台があるのもよく目にします。いわば、それらの建物・時計台が1つの大きな時計になっているのですが、時計の技術が進化し、徐々に時計は小さくコンパクトな形になっていきます。そして、時計の大きさが携帯できるような小ささになったとき、その小さな懐中時計にも時報を告げる機能が求められるようになっていきます。ベルやブザーが無かった時代ですから、技術者たちは、時計の中に長さの違う細く薄い鉄板を並べ、セットした時間になるとそれらの鉄板を弾かせて「メロディ」を奏でさせることを思い付きます。実はそれがオルゴールの歴史のスタートになっていくのです。

　ですから、時計とオートマタとオルゴールはとても密接な関係にあると言えます。時計とオートマタとオルゴール、それらを総称して「クロック・ワーク/時計仕掛け」と呼ぶのはそのためであり、私がオルゴールのメロディに合わせて動くオートマタを製作しているのも、そういった理由によるのです。

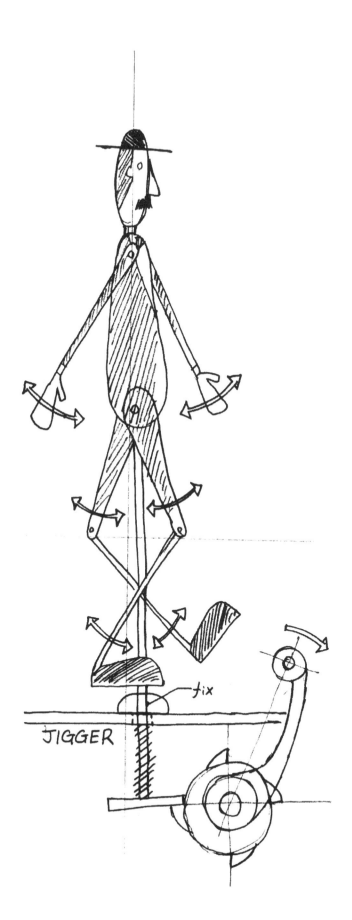

The word *shi-nan* in Japanese means guidance or direction. *'Shi'* means to point and *'nan'* means south. The origin of this word is related to mechanisms. About 1800 years ago in China, which is around the era of Himiko's reign in Japan, *'Shi-nan-sha'* (a car of direction) existed in China. A figure made in the shape of a hermit stands on top of the car with one hand pointing forward. When a cow pulls the car, no matter the car faces right, left or back, the figure's hand will still point to the south. People tend to think that it is a mechanism that uses magnetism, but actually the structure is very similar to the 'differential gear', which moves the rear wheels of motorcars today.

Within the same period in China, a car known as *'Ki-ri-ko-sha'* was also invented. When the car progresses one mile, the figure on the car will beat the drum and when the car progresses ten miles, the figure will ring the bell. By recording the direction of the figure on the *Shi-nan-sha* and the number of times the drum and bell of *Ki-ri-ko-sha* have sounded, one can tell the distance of movement and the location. This was the navigation system 1800 years ago. In the movie 'The Last Emperor', there is a scene that shows the young emperor Fugi sitting on the throne. The chair of the throne in the old Chinese palace faced the south. In China, there is the concept of 'the emperor faces the south and the followers face the north'. In other words, it means that 'south' is the right direction. Thus, the meaning of the word *shi-nan* means to direct or to guide to the right direction. In Japan, the old capital of Heian was also designed facing the south. The right hand side of the capital is called Ukiyou and the left hand side is called Sakiyou. Since most of the maps today are drawn facing north, the right hand side becomes Sakiyou and the left hand side becomes Ukiyou. It is the opposite of what it was in ancient times.

Meanwhile in Europe, Galileo discovered that the time intervals of a pendulum are equal and Huygens in the Netherlands invented the pendulum clock based on Galileo's theory. In Europe, churches are mostly built in the center of towns and villages. These churches have clock towers that have big clocks or automata fixed in them. These buildings or clock towers are clocks for the whole town or village. As technology improved, clocks reduced in size and became more compact. When clocks became small enough to be carried around, people started to demand them to be able to report the time. However, it was still the period when bells and buzzers did not exist. So, people came up with the idea of putting small and thin metal plates of different lengths in the clock and when it reached the preset time, the metal plates would move to play a melody. Actually, this is the beginning of the history of music boxes. Clocks, automata and music boxes are closely related to each other and the general name for them is 'Clockwork'. This is the reason why I like to make automata that will move along with the melodies of music boxes.

西田明夫 略歴
AQUIO NISHIDA's Brief History

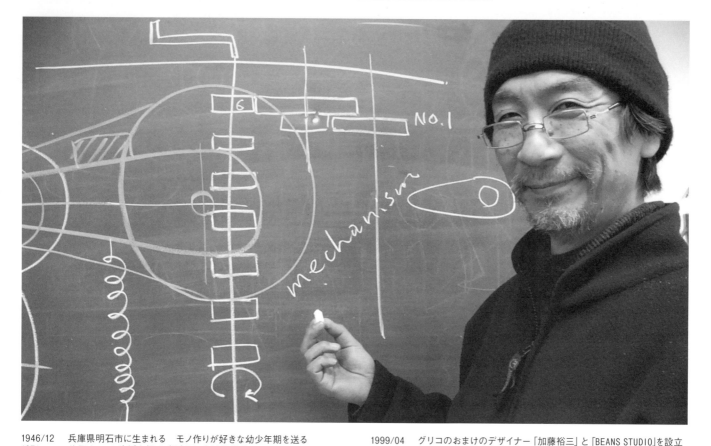

1946/12	兵庫県明石市に生まれる　モノ作りが好きな幼少年期を送る
1974	サラリーマン生活を経て、福島県・会津磐梯山にてペンション経営を始める　息子達のために、木のおもちゃを作り始める
1976	長野県・白馬にてペンション"早起き鳥"を経営　趣味で制作したからくりをペンションのインテリアに
1988/07	岡山県・東粟倉村にてペンション"田舎の日曜日"を経営　本格的にオートマタ制作を始める
1989/02	池袋・LOFT「アトリエ・ヌーボー」にて初個展／LOFT主催
1994/06	NATIONAL/PANASONICの1995年度版カレンダーに12点の作品が採用される
1994/11	銀座ソニービルのクリスマス・ウインドウ・ディスプレーを手がける　作品「MECHANICAL CHRISTMAS SINGERS」が銀座ウインドウ・コンテストの特別奨励賞を受賞
1995/07	鳥取県立「わらべ館」に大型からくり時計「ドレミの歌」を制作・納入
1995/09	現代玩具博物館の館長に就任
1995/11	銀座ソニービルのクリスマス・ウインドウ・ディスプレーを手がける
1995/11	「第18回・芸術的遊具／遊びの中の芸術展」に招聘出品／HANDWERKSKAMMER／ミュンヘン・オーバーバイエルン手工業協議会主催　以降、計5回同展覧会に出品
1996/08	「第2回・世界人形展」に出品／オーストリア・ツェルトヴェグ「ファラー城」主催　以降、計3回同展覧会に出品
1996/12	「オートマタ・からくり人形の世界展」に出品／ミュンヘン「GALLARY HANDWERK」主催
1997/11	銀座ソニービルのクリスマス・ウインドウ・ディスプレーを手がける　作品「FOREST」が銀座ウインドウ・コンテストの特別奨励賞を受賞
1998/12	銀座ソニービルの1999年・正月のウインドウ・ディスプレーを手がける
1999/03	マイカル小樽ハイテック・コートのウインドウ・ディスプレーを手がける
1999/04	グリコのおまけのデザイナー「加藤裕三」と「BEANS STUDIO」を設立
2000/03	デザインフェアOSAKA2000「オートマタ三人展」に出品／財団法人大阪デザインセンター主催
2000/06	高知「おらんく屋」に大型モーション・ディスプレー「勇魚太鼓」を制作・納入
2001/07	山口きらら博「ファンタジー・サーカス館」に出品／西京銀行・富士通主催
2001/10	大阪北新地「おらんく屋」に大型モーション・ディスプレー「恵比寿・大黒」を制作・納入
2002/04	博多「みやこ幼稚園」に大型からくり時計「星に願いを」を制作・納入
2002/09	「AUTOMATA／動くおもちゃ」を執筆／婦人生活社刊
2003/02	イタリア・ローマ「オートマタによる戦争反対展」に出品／MODERN AUTOMATA MUSEUM主催
2003/04	ドイツ・ブレーメン「オートマタによる戦争反対展」に出品／MODERN AUTOMATA MUSEUM主催
2003/07	有馬玩具博物館の館長に就任
2006/01	鳥取県安来市の依頼により「安来演芸館」に「安来節からくり人形」を制作・納入
2006/04	ザイフェン玩具博物館「ERZGEBIRGISCHES SPIELZEUG MUSEUM SEIFFEN」にて個展
2007/10	「第三回・琵琶湖ビエンナーレ」に出品
2007/10	「第一回・神戸ビエンナーレ」に出品
2008/12	「神戸パールミュージアム」に「パールブリッジ開通10周年記念パールブリッジのからくり」制作・納入
2008/12	「西宮阪急ガーデンズ」に「うみのものがたり」を制作・納入
2009/02	有馬にて永眠（享年63）

上記以外にも国内外にて多数個展を開催

コレクション
ザイフェン玩具博物館「ERZGEBIRGISCHES SPIELZEUG MUSEUM」45点

FERDINAND THE BULLと並んでスマイル！

有馬のアトリエでくつろぐ西田さん。

有馬のスタッフお気に入りの西田さんショット。
西田さん、かっこいいです!!

2006年11月、ドイツ・ザイフェンから職人を呼び、巨大クリスマスピラミッドを設置。

ドイツの新聞記事より。2006年ザイフェン玩具博物館での西田明夫展開催準備の様子。この展覧会後、作品を全て寄贈。ドイツを拠点として、ヨーロッパで巡回展・・・の構想がありました。

2008年11月。兵庫県、西宮阪急での製作ライブパフォーマンス。オーバーオール姿で登場の西田さん。

イギリスの友人David Swift氏と。お気に入りのコーヒークラブにて。

2008年12月。東京での展示会搬入時。アンティークの木製シャンデリアのパーツでおどける西田さん。

「田舎の日曜日」から
西田智子

　今回の『摩訶不思議図鑑』の出版は前回の『動くおもちゃ』より一段と良い本にと取り組もうとしていた矢先、余りにも早い旅立ちで本人さえも予想だにしていなかった事と思います。しかし主人の心残りを現代玩具博物館の橋爪さん、有馬玩具博物館の福本さん、牧歌舎の吉田さんなど皆々様のご尽力のお陰で出版の運びとなり、主人もきっと喜んでくれている事かと本当に感謝にたえません。あの満面の笑みをたたえた主人の顔が想い浮かびます。

　この本によってオートマタという世界に少しでも多くの方に興味を持って頂き、西田ワールドを体験して頂ければ幸いに思っております。本当にありがとうございました。

田舎の日曜日
1988年5月にオープンした、岡山県美作市（旧東粟倉村）にある西田明夫が経営するホテル。ベルトラン・タヴェルニエ監督によるフランス映画「Un Dimanche à la Campagne／田舎の日曜日」（1984年公開・カンヌ国際映画祭パルムドール受賞）を観て、物質的な豊かさを追い求めていた当時の日本とは異質の、人の生活の本当の豊かさが描かれていると感じ、映画のタイトルをそのままホテルの名前に使用したのだそうです。「周りにあるのは静けさだけ。テレビすらないホテルだが、館内には、家具職人の手による長さ四メートル五十センチもの大テーブルや、百年前のアンティーク・オルゴール。イギリス『KEF』社のモニター用大型スピーカーや、様々なジャンルの書籍をご用意している。何かをするための旅ではなく、何もしないための旅にお使いいただければ、と思う。」とブログに綴られています。

【ホテル・田舎の日曜日】
〒707-0401 岡山県美作市後山1720-2
Tel: 0868-78-3034 ／ Fax: 0868-78-3034

AUTOMATA GALLERY

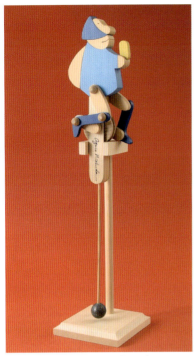

綱渡りシリーズ「泥棒」
The Variation of the Ropewalking 'Thief'

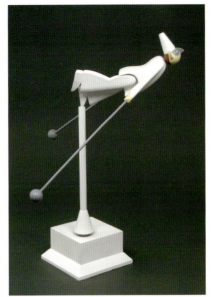

ストロング チップトゥ
STRONG TIPTOE

REQUIEM

ジャック アンド ベティ　JACK & BETTY

オジサンは哀しいのだ!
SHAKE+SPEARE

プロローグ　Prologue

マリリン　MARILYN

131

大好きな西田さん
佐渡 裕

© Jun Yoshimura

　僕の行きつけのジャズ喫茶、神戸元町にある「木馬」が、僕と西田さんを出会わせてくれた思い出の場所です。マスターがその時その時選んだ音楽を聴きながら、カウンターで一緒にコーヒーを飲み、西田さんは、よく玩具の素晴らしさを語ってくれました。時にはマスターも巻き込んで、スコッチを片手に、僕らは友人になりました。僕にとっては、40歳を過ぎてから出会った貴重な親友ですから、大好きな先輩が出来たみたいでした。

　特に待ち合わせをするわけではないけれど、夜の9時頃、木馬の扉がカラ～ンコロ～ンと鳴り、ふっと入り口を見るとお洒落な西田さんが、トレードマークの笑顔で「おっ、佐渡さん」と声をかけてくれて、いつも握手を交わしました。とにかく西田さんは格好よかった！　マスターもそうだろうけれど、一人の男として僕らは彼に惚れていましたね。いつも静かで、それでいて熱い。どこかしら謎を感じる部分もあり、べたべたせずに、それでいて、熱く玩具の話をしてくれる西田さん。今時マッチで煙草に火をつけながら、その仕草も自然で、でも全ての動きに愛情とこだわりがあるようでした。

　後から聞いたエピソードなのですが、奥様と若いころに観た「男と女」という古いフランス映画が西田さんは好きで、主人公が乗っているムスタングの赤い車を、奥さまを驚かせようとディーラーに探してもらったそうです。40年以上前の映画と同型、同年式なので随分見つけるのに時間がかかったようですが、アメリカからようやく届いたものを乗れるようにする為にさらに部品をアメリカから取り寄せ、修理に出し、特別な記念日に合わせて自宅前に乗り付けたとか…。まあ、この話には落ちもあって、奥さまは苦笑いして、ただただ呆れられたそうで、お洒落でちょっとやんちゃなロマンティストの西田さんらしいエピソードです。

　西田さんが昨年暮れの寒い時期にドイツに行くと、僕もマスターから聞いていました。僕もドイツでの仕事が多いので、どこかで上手く時間と場所が合って、西田さんの展覧会と、僕の演奏会が一緒になるかもね、なんて話していたのです。けれどその前に西田さんは体調不良で6キロも体重が落ち、それでもドイツ行きは決行すると決めていたので、マスターと二人とても心配していました。西田さんは、ドイツから帰国し、空港から直接木馬に現れたそうですが、何も食べられずにホットミルクを頼んだそうです。

　訃報はあまりにも突然、木馬からの連絡で知りました。その時僕はドイツのハンブルグで演奏会をしており、その二日後には、ドレスデンでの演奏会のために移動することになっていました。僕は大急ぎで、彼が生前、ほぼ毎日書いていたブログを読み返し、彼の最後のドイツ旅行を振り返りました。そこにはザイフェンという街のことが書かれていました。僕も木馬のカウンターで何度となく、その街の魅力や、伝統的なドイツ玩具の素晴らしさを耳にしていたのですが、12月にその小さな村の玩具博物館を訪れたことが詳しく書かれてあったのです。ザイフェンという村は、ドレスデンからわずか40キロほどの所。その不思議なめぐり合わせを感じずにはいられませんでした。まるで、すでに天国に向かった西田さんが、僕らとの別れを惜しんでいるかのように思い、演奏会のリハーサルがあった僕は断念したのですが、代わりに家内を雪深いザイフ

ェンの玩具博物館へ向かわせました。小さな村の博物館には、西田作品が50ほど展示してあり、西田さんが、あれほど愛し、尊敬していた、ドイツの玩具職人たちの手で、大事に彼の作品は守られていたそうです。

　一方僕のドレスデンでのコンサートは、1945年2月13日にドレスデンを襲った大空襲の犠牲者にささげるもので、この街では今も毎年、失われた数十万もの人々の悲しみを追悼しコンサートという形で祈りが捧げられています。演奏会は全ての演目が死者と死に向きあった悲しい曲だったのですが、その客席では間違いなく西田さんが聴いてくれていて、僕は西田さんに、やっとお別れを言えたような気がしました。家内は僕や木馬のスタッフに、ザイフェンのお土産にと、もみの木の置物を買ってきたのですが、奇しくも西田さんのお葬式で配られた記念品とまったく同じもので、どこまでも西田さんが演出しているように感じました。

　僕の手元には、西田さんの作品がいくつか残りました。中でも、僕が兵庫県立芸術文化センターの芸術監督になった記念にプレゼントしてくれた「じゃじゃじゃじゃ～ん」と『運命』を指揮する燕尾服を着た虎の指揮者は、最高傑作の一つです。誰もが触ってみたくなり、一旦触れると遊び心溢れた動きに驚きがあり、天才西田明夫の優しさが触った者の心一杯に広がります。でも、大事に触らないと壊れてしまいそうなのです。有馬の玩具博物館の工房で、まるでピノキオのお爺さんのように、エプロンをつけ、老眼鏡をかけ、部品の一つ一つを大事に削っていた西田さんが、真剣にワクワクしていた姿が消えてしまうのではないかと、大事に大事に触らないといけないのです。

　西田さんが木馬のカウンターでいつも話してくれた玩具の素晴らしさとは、楽しさであり、人の温もりであり、夢であり、安全で他人に対して優しいものでした。同時に、玩具の世界だけではなく、世の中の全てのもの、社会における人と人の関係が、もっと大事に扱われ、触る者も触られる者も、互いに想像力を持って、大切にし合う世の中であってほしいという彼の願いでもあったのではないかと思います。

　僕の大好きな西田さん、あなたが愛した「木馬」では、天国からでも道に迷わないよう、マスターがあなたの魔女の絵を旗に描いて、お店の前に吊るしてくれています。それを目印に、また待ち合わせをすることなく、ふらっとやって来てください。いつものように、マスターの炒れてくれる美味しいコーヒーを一緒に飲みましょう。

合掌

ジャジャジャジャ～ン Tiger the Conductor

佐渡　裕（指揮者）
故レナード・バーンスタイン、小澤征爾に師事。89年「ブザンソン国際指揮者コンクール」優勝。現在パリ管弦楽団、ベルリン・ドイツ交響楽団、スイス・ロマンド管弦楽団など欧州の主要オーケストラに毎年多数客演を重ねている。国内では兵庫県立芸術文化センター芸術監督、シエナ・ウインド・オーケストラ首席指揮者。2008年4月より「題名のない音楽会」（テレビ朝日系列局　毎週日曜日9：00放送）の司会者も務める。

有馬玩具博物館
Arima Toys & Automata Museum

2003年7月19日、六甲山の麓、有馬温泉に開館。ドイツ・ザイフェン村を始め、ヨーロッパ、そして世界の優れたおもちゃをここ有馬から発信しようとの思いから設立されました。収蔵品は約4,000点、初代館長にオートマタ作家の西田明夫が就任しました。建物の6階から3階までがテーマごとに分かれた展示室、1階には工作教室のためのアトリエと、ミュージアムショップがあります。「玩具」というと「子どものためのもの」というイメージが強いですが、実際はお子さまと同じくらいに大人の方も夢中になって遊んでしまう、世代を超えておもちゃの世界を体験していただける博物館です。

有馬玩具博物館 外観

6階展示室（ドイツの伝統的なおもちゃ）より
ドイツ・エルツ地方のクルミ割り人形

3階展示室（ブリキのおもちゃと鉄道模型）より
ドイツ・バーデンバーデン駅の87分の1縮尺模型

4階展示室
（現代のからくり/オートマタ）より
毒入りミルク　POISONED MILK
/Paul Spooner作

5階展示室（現代のおもちゃ）より　フロア概観

有馬玩具博物館
〒651-1401
兵庫県神戸市北区有馬町797番地
797 Arima-cho Kita-ku Kobe-city
Hyogo Pref. 651-1401 JAPAN
Tel: 078-903-6971
Fax: 078-903-6981
http://www.arima-toys.jp
e-mail: info@arima-toys.jp

Arima Toys & Automata Museum was opened at Arima spa, foot of Mt. Rokkou in Kobe, on 19th July 2003. People who were really impressed with toys made in Seifen, Germany and all over the world, especially in Europe, established museum to introduce such excellent toys and automata here in Arima. There are about 4,000 collections and Aquio Nishida, an automata and movable toy maker, assumed the first museum manager. We have 4 exhibition rooms from 6th to 3rd floor(they each have exhibition theme), atelier for work shops and museum shop on 1st floor. Most of adults seem to think that 'toys' are for kids, but in our museum, lots of adults enjoy playing and watching our exhibitions as much as kids do. No border, no generation! This is museum's concept, we proudly think.

現代玩具博物館・オルゴール夢館
Japan Museum of Contemporary Toy & Hall of Music Box

おもちゃとオルゴールのミュージアム

1995年9月、岡山県の最高峰「後山」の麓に西田明夫氏を館長に迎え『現代玩具博物館・オルゴール夢館』は開館しました。この博物館に展示されているものは、子どもたちのすこやかな成長を願って作られた世界のおもちゃや、100年以上昔から人々に感動を与えてきたオルゴールです。周りに溢れている大量のモノや情報、そして、そこから生まれる親と子の関係・・・。そんなことを少し立ち止まって見直すための「きっかけ」の場所となりますように・・・。

The recent progress in technology, the diversification of the media, the overflowing abundance of products, and the accompanying changes in the structure of consumption have affected society in various way. The world of toys is no exception. At the "Japan Museum of Contemporary Toy", which was opened on September 9, 1995 in small mountain village with a population of only 1500 in the northeastern end of Okayama Prefecture, are collected and exhibited the toys which have appeared since the latter half of the 1950's when the industrial society achieved rapid progress. Here, attempts are being made to research and make proposals on the "Culture of Life and Play" for children, who are the users of toys, in consideration of the "History of Toy Design" as captured from the maker's viewpoint.

現代玩具博物館

技術の進歩や情報の多様化、それに伴う消費構造の変化は、私たちの生きる社会に様々な影響を及ぼしています。おもちゃもまた例外ではありません。『現代玩具博物館』では、産業社会が急速な変化をとげた1950年代以降に登場したおもちゃを収集・展示し、「おもちゃのデザイン史」を考察します。そして、おもちゃの使い手である子どもの「生活の遊びと文化」を研究し、提案していきたいと考えています。

オルゴール夢館

18世紀後半から20世紀初頭にかけて、「自分の好きな音楽をいつでも楽しみたい」という、当時の人々の願いをかなえてきたオルゴール。そしてそのオルゴールの技術の進歩ともに発展し、多くの人形師の手によって作られた からくり人形。『オルゴール夢館』では、アンティークオルゴールやからくり人形を展示し、オルゴールの歴史などのお話を交えながらコンサート形式でご紹介しています。

工作室

おもちゃで「遊ぶ」ことと同じように、自分で何かを「作る」ということは楽しく魅力あるものです。『工作室』では、「作る楽しさ」や「作ったもので遊ぶ楽しさ」を子どもたちに伝えていくとともに、かつては子どもだった大人の方にも作ることの楽しさを思い出していただければと、おもちゃ教室を行っています。

現代玩具博物館・オルゴール夢館
http://www.toymuseum-okayama.jp
e-mail: mailbox@toymuseum-okayama.jp

あとがき

　あの笑顔に誘われて（？）西田さんの周りには面白い人が次々に集まって来ました。おかげで、6年間その下で働いた私はたくさんの素敵な出会いを経験しました。それはやはり、西田さんがオートマタという一風変わった「ものづくり」に携わっておられたからだと思います。「オートマタ」という言葉、その世界を、私は彼に出会って初めて知りました。動く「もの」で表現する発想力、形にするデザイン力、実際に動く仕組みを考える物理的能力、そしてそれを制作する技量。オートマタ制作はその結集というべき「ものづくり」であり、西田さんはその担い手として、文字通り日本の第一人者でした。

　この本がオートマタの世界、西田明夫の世界をより多くの方に知っていただくきっかけとなれば幸いです。

有馬玩具博物館　福本麻子

STAFF

機素製作：現代玩具博物館・オルゴール夢館
　　　　　hp: http://www.toymuseum-okayama.jp
　　　　　mail: mailbox@toymuseum-okayama.jp
オートマタ製作：CLOCKWISE STUDIO
◇オートマタ製作に関するお問い合わせ◇
　　　　　AAA有馬からくり研究会
　　　　　hp: http://aaa.kemuridama.com/
　　　　　mail: a-automata-a@excite.co.jp
製作協力：西田　均・金井啓修・多曽田育男・橋爪宏治
翻　　訳：Cheryl Fan（シェリル・ファン）
撮　　影：（有）キリタスタジオ（桐田和雄）
　　　　　浮田写真事務所（浮田輝雄）
写真提供：西宮流（西宮スタイル）
デザイン：北川敏明

摩訶不思議図鑑
〜動くおもちゃ・オートマタ 西田明夫の世界〜

著　　者：有馬玩具博物館
　　　　　〒651-1401 兵庫県神戸市北区有馬町797
　　　　　Tel. 078-903-6971／Fax. 078-903-6981
編集協力：小田桐充・吉田光夫
編集制作：株式会社 牧歌舎
　　　　　〒664-0858 兵庫県伊丹市西台1-6-13 伊丹コアビル
　　　　　Tel. 072-785-7240／Fax. 072-785-7340
　　　　　hp: http://www.bokkasha.com/
発 行 人：櫻井英一
発 行 所：株式会社 滋慶出版／つちや書店
　　　　　〒100-0014 東京都千代田区永田町2-4-11
　　　　　Tel. 03-6205-7865／Fax. 03-3593-2088
　　　　　hp: http://www.tuchiyago.co.jp/
　　　　　mail: shop@tuchiyago.co.jp
印刷製本：株式会社 暁印刷

©Arimaganguhakubutsukan 2016 Printed in Japan

※乱丁・落丁本は、お取り替えいたします。

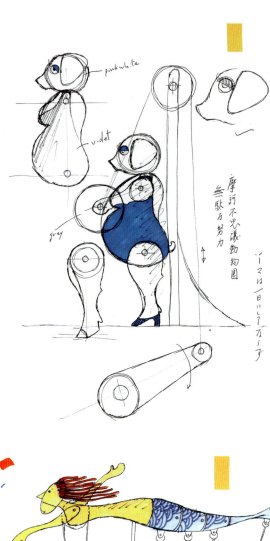

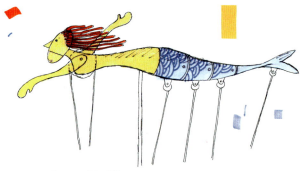

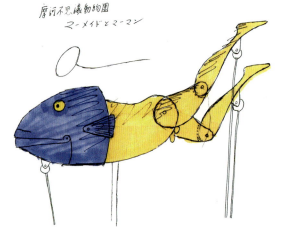

「摩訶不思議動物園」（スケッチ）